【第二版】

生徒・進路指導の理論と方法

工藤亘　藤平敦　編著

Kudo Wataru　Fujihira Atsushi

玉川大学出版部

序 章

本書の構成・主旨

第1節　本書の特徴と読み方

　本書で学んでほしい対象者は，小学校から高等学校までの教師を目指している学生と教育現場において児童生徒の成長のために教育的愛情を注いでいる先生方であり，本書は児童生徒の発達段階を縦断的に捉え「小学校⇔中学校⇔高等学校」のつながり・接続・連携に力点を置いて編纂した。

　＊本書は第二版であり，付録資料の「『生徒指導提要』（改訂版）のポイント」以外は，第一版作成時の「生徒指導提要」（2010）の内容が用いられていることを予め断っておきたい。

　生徒指導とは「一人一人の児童生徒の人格を尊重し，個性の伸長を図りながら，社会的資質や行動力を高めることを目指して行われる教育活動」であり，保育園・幼稚園⇒小学校⇒中学校⇒高等学校を通して行われる教育活動である。したがって上級学校に進学することによって生徒指導は中断されるものではなく，児童生徒の成長や発達段階を縦断的・総合的に捉えるためには，異なる学校種間の円滑な接続体制を整えることと教師間の相互連携が必要不可欠となる。

　また生徒指導は，教育課程の内外にとどまらず，すべての教育活動として機能することが求められ，進路指導（キャリア教育）とも連動しながら児童生徒の社会的自立を目指し，将来における自己実現につながっているのである。そのためには当該学校の教職員のみではなく，入学前後の学校種間の連携や保護者・地域・関係機関との連携も大切であり，社会全体で児童生徒の成長を促進できるような開かれた生徒指導が必要である。（図序-1）

1

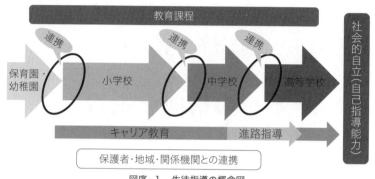

図序-1　生徒指導の概念図

（藤平敦，作成）

　以上を踏まえ，本書は序章・第1～6章・終章・付録資料という構成になっており，第1章では，生徒・進路指導の意義と原理について論じ，第2～6章は第1～6節で構成され，同じ節タイトルになっている。各章末には学びを深めるための課題があるのが特徴の一つと言える。

　第2～4章は小学校を低学年・中学年・高学年と区分し児童期を縦断的に捉え，第5章は中学校，第6章は高等学校を対象としている。また異校種間（小・中・高）の連携は本書の重要な視点かつ特徴であり，多様なコラムによってすべての児童生徒が直面する課題や接続間問題等に向き合えるようになっている。

　生徒指導と密接な関係にある道徳教育，進路指導（キャリア教育），特別活動，特別支援教育に関しては，12年間の児童生徒の成長を継続的・総合的な視点で捉えている。

　終章では改めて小学校・中学校・高等学校のつながり・接続・連携と児童生徒と教師，社会とのつながりについてまとめ，今後の生徒指導・進路指導（キャリア教育）について展望を論じている。

　本書は，児童生徒を縦断的視点と横断的視点で捉え，社会との関係を踏まえた総合的な視点を持ち合わせた画期的な構成になっており，どの章，どの節から読んでも理解できるのが最大の特徴と言える。

本書の構成

序章：本書の構成・主旨											
第1章：生徒・進路指導（キャリア教育）の意義と原理											
	コラム										
章	2		3		4		5			6		
学校制度	小学校低学年		小学校中学年		小学校高学年		中学校			高等学校		
学年	1	2	3	4	5	6	1	2	3	1	2	3
段階	児童期						青年期					
区分	前期			後期			前期			中期		
児童・生徒理解と学級運営	1節		1節		1節		1節			1節		
学習指導における生徒指導	2節		2節		2節		2節			2節		
道徳教育と生徒指導	3節		3節		3節		3節			3節		
キャリア教育と特別活動	4節		4節		4節		4節			4節		
特別支援教育と生徒指導	5節		5節		5節		5節			5節		
校内・保護者・地域・関係機関との連携と生徒指導	6節		6節		6節		6節			6節		
	コラム		コラム		コラム		コラム			コラム		
終章：2030年代の生徒指導・進路指導〜子ども達の未来に向けて〜											
付録資料「『生徒指導提要』（改訂版）のポイント」											

第2節 「指導」と「支導」

　国立教育政策研究所は生徒指導を「Guidance & Counseling」と英訳し，学校におけるGuidanceとは「児童生徒が環境や社会の変化によりよく適応し，その個性や能力を最大限に発揮できるように導く教育活動であり，社会的自己実現へ主体的な取組を促す指導・援助」としている。

　生徒指導の「指導」は，ヘルバルトの教育方法の生活全般にわたる態度や行動への指導（訓育）が原型にあり，管理や養護が加わり「指導」とされてきた。その後，アメリカで指導の訳語は「Guidance（指導・手引き・補導）」または「Discipline（鍛錬・統制・しつけ）」とされ，20世紀初頭，アメリカで広がった職業指導「Vocational Guidance」が大正期に日本に伝わり，その影響が現在にまで至っている。

3

本書で用いる「指導」とは，一般的には児童生徒の人間形成を目指し直接
的・具体的に教師が働きかけることであると考え，教師主導のもとで教師が
決めた目標に向かって教え導くことである。換言すると教師が主体として指
差す方向へ児童生徒を導くことである。（図序 - 2）

教師

児童生徒

図序 - 2　指導のイメージ

（工藤亘，作成）

　それに対し「支導」（工藤亘，2012）とは造語であるが，児童生徒が主体
であり，教師が主導性を発揮して目標に向かって直接的に与え教え込むもの
ではない。「支導」は，①児童生徒の主体性と目標を最大限に尊重し，②教
師と児童生徒との双方向のやりとりを大切にした上で，③児童生徒一人ひと
りや集団の特性や状況，プロセス等を的確に判断し，④児童生徒一人ひとり
や集団の能力や特性を十分に発揮できるように支援しながら導くことと定義
する。（図序 - 3）

図序-3　支導のイメージ

（工藤亘，作成）

　「指導と支導」はどちらか一方だけに偏重するものはなく，幼児期から青年後期にかけ，それぞれの発達段階や諸状況に応じてバランスを考慮し，教育実践の文脈から判断する必要がある。「指導と支導」のバランスには正解がある訳ではなく，個と集団，家庭（環境）と学校・社会等とのかかわりの中から総合的・創造的・探究的に教育活動で実践されることが重要である。（図序-4）

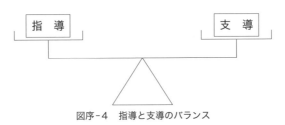

図序-4　指導と支導のバランス

（工藤亘，作成）

5

幼→小→中→高のように進級するにつれて，児童生徒は自発性や自己同一性を高めることが発達課題でもあり，自己に気づき個を発揮できるような教師のかかわり方が求められている。それに伴い学級は教師による統制から児童生徒による自治的な学級になることが望ましい。

　初等教育期間には，基本的な生活習慣を身に付けることや学校文化に慣れること，仲間達との集団生活を通して規範意識や基本的な社会習慣を身に付け自己コントロール能力を高めていくことが目標であり，学習指導場面と生活指導場面の両方を通して教師の主導性が高い「指導」の割合が多くなることがある。その一方では，子どもの自主性や創造性を尊重することも重要であり，「支導」とのバランスを踏まえる必要がある。

　中等教育期間では，心身の変化も著しく自己への関心が高まり，将来への期待や不安と葛藤を抱えながら心理的な自立を目指すため，児童期と比較すると教師の主導性が高い「指導」よりも生徒の主体性を尊重した「支導」の割合が漸次的に多くなる。しかし，その前提条件は幼児期・児童期の発達課題が達成されていることであり，達成されていない場合には「指導」の割合は多くなる。

　教育活動における指導法には「ティーチング⇒ファシリテーティング⇒コーチング」の流れがある。まずは「指導」によるティーチングで児童生徒に基本的な知識や考え方，行動様式や規範等を教え，そしてファシリテーティングで思考や意欲を促進し，その後コーチングによって児童生徒の意見や考え等を引き出していくのである。このファシリテーティングとコーチングを合わせたものが「支導」と言える。その土台には教師と児童生徒との信頼関係が必要不可欠である。（図序-5）

　現在，教育現場に求められているのは正しい知識の伝達のみではなく，物事に挑戦し，成功・失敗体験による体感・実感を基にした生きた知識や児童生徒自身が未来を切り拓くための資質・能力を獲得させることである。そのためには試行錯誤を尊重し，相互に認め合える関係づくりが必要であり，子ども同士や子どもと教師の間にどんな言動をも受けとめてもらえる安心・安全な環境，つまり「Comfort-zone（自分にとって居心地がよく快適な状態）」が絶対条件である。教師は学級などがComfort-zoneになるように努め，そ

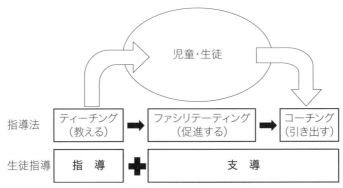

図序-5 生徒指導の土台の上での指導法

（工藤亘，作成）

の上で子どもの挑戦による成功や失敗の両方を受けとめ支援し，相互に学び合うための「支導」が必要であり，「指導」とのバランスを意識した教育活動をする必要がある。

　知識基盤社会の中にある今日，教師は知識の習得を目指し学習環境を整え，知的好奇心を喚起し，あらゆる場面で「指導と支導」のバランスを図ることが求められている。また今後の予測困難な時代を生きる子ども達が主体性を持って未来を創造していくためには，子ども自身で進むべき方向を決定し，自ら踏み出していけるように導く「支導力」も教師に求められている。

　これまでの生徒指導は，どちらかというと問題行動等への対応がクローズアップされることが多いため，そのイメージは「厳しい・怖い・校則違反のチェック・怒られる・注意される・管理的・面倒」等，否定的に捉えられており，また「一部の生徒指導担当者が行っている」と認識される傾向が高い。

　しかし，生徒指導はすべての教師が行う教育活動であり，課題解決的な側面のみではなく，児童生徒の夢や自己実現を叶えるために行う開発的な側面と予防的な側面もあり，教師としての喜びを感じることができるものである。

　以上のことからも生徒指導には「指導」だけではなく「支導」とのバランスを考慮する必要がある。

第3節　「つながり」「接続」「連携」を意図した生徒指導

　「生徒指導提要」(2010)にもあるように，生徒指導は小学校から高等学校までの学校段階・発達段階を踏まえ，全教育活動を通じて全教職員が行うものであり，特定の教科や領域，限定的な対象者のみに行われる教育活動ではない。

　したがって，教師は直接的に教育活動を行う児童生徒の特性を踏まえるだけでは不十分である。小学校の教師は保育園・幼稚園と中学校，中学校の教師は小学校と高等学校，高等学校の教師は中学校と大学等の異校種の学校との連続・接続した指導観と将来を見据えた中・長期的な視点が必要である。

　また児童生徒一人ひとりの心身の発達段階・課題，性格や特性を踏まえた学級運営が求められる。この学級運営の基礎となる生徒指導は，個人の資質を伸ばすことと同時にさまざまな体験活動を通して道徳的な実践力や職業観・勤労観を育み，社会の一員として自立していけるように社会的な資質を高める総合的なものである。したがって進路指導（キャリア教育）と相互補完的関係にあり，継続的に行う必要がある。(図序-6)

　図序-6は，子どもが自転車に乗り，自分の目的地（夢・自己実現）に向かっているものである。しかし，自転車を乗りこなすためにはその過程において誰かの支援や「指導と支導」を受け，乗り方や交通ルール等を学んだはずである。最初は補助輪を付けたり，誰かに補助をしてもらいながら試行錯誤を繰り返し，徐々に自分自身でバランスをとることで自立できるようになる。そして次第にスピード制御や方向転換が可能になると行動範囲が拡大し，自分が望む場所へ自力で向かうことが可能になる。

　以上を踏まえると，教師がいつまでも主体となり「指導」のみをしていては子どもの社会的自立や生きる力は育まれにくいのである。教師は児童生徒自身に試行錯誤や自己決定をする機会を積極的に設ける等の「支導」も必要であり，その「指導と支導」のバランスによって子どもが自己指導力や自己冒険力（人生を自分自身で開拓してく力）を身に付けていくのである。

　この「指導と支導」のバランスが崩れどちらかに偏ったり，パンクをした

図序-6　指導と支導の上での自己決定と自己実現

（工藤亘，作成）

りしてしまうと児童生徒はアンバランスとなり，自分の進みたい方向に行けないことが考えられるため，個に応じた「指導と支導」が必要になるのである。

　また子ども自身が相互に異なる個性を持っていることを受容し，多様性を尊重しながら各自の個性を最大限に発揮できる学校生活を送るために，特別なニーズの有無にかかわらず共に社会を形成してく者としての自覚を促す必要がある。それぞれの理解・認識不足による不要な言動が不適応行動に発展させないためにも早期発見・早期対応が必要であり，学校種間の垣根を越えたつながりや保護者や地域・関係機関との協力関係が必要不可欠である。教職員・保護者・地域・関係機関はチーム学校として子どもを共に支え導くパートナーであり，社会に開かれたカリキュラムとともに子どもがのびのびと自己実現に向かっていけるようにしたいものである。

　児童生徒は今後，グローバルな視点に立ち，多様な価値観の中で複雑化し，さらには正解が一つとは限らない課題に取り組むことが予想されるため，教師がすべてを決めて導くだけでは立ち行かない事態になっている。児童生徒が自ら考え，自ら判断し，社会的に自立できるようにするためには「指導」

だけではなく「支導」も必要であり，教師はそのために保護者をはじめ地域
や関係機関との連携を強化し，パラダイムを転換する必要がある。

第4節　「生徒指導提要」（改訂版）について

　2022年12月に「生徒指導提要」が改訂され，教員が学校現場で活用しや
すいようにデジタルテキストとして配信されている。改訂の背景には，近年
のいじめの重大事態や暴力行為の発生件数，不登校児童生徒数，児童生徒の
自殺者数等が増加傾向にある等，課題が深刻化していることが挙げられる。
2010年に「生徒指導提要」が刊行されてから12年が経過し，その間に「い
じめ防止対策推進法」，「義務教育の段階における普通教育に相当する教育の
機会の確保等に関する法律」，「自殺対策基本法の改正」等，新たな関係法令
等が成立・施行されていることに対応する必要があったのである。
　また，「生徒指導提要」の改訂に関する協力者会議では，「個別事項を取り
巻く環境が大きく変化」した等の社会的背景を受け，「生徒指導の概念・取
り組みの方向性等を再構築」し，今日的な状況変化に対応するためにも生徒
指導提を改訂する必要があったのである。
　今般の改訂ポイントは，①積極的な生徒指導の推進，②社会の変化に応じ
た対応の充実，③デジタルテキスト化による活用推進である。構成は，理論
編としての第Ⅰ部「生徒指導の基本的な進め方」と課題実践編としての第Ⅱ
部「個別の課題に対する生徒指導」から成っている。これらの内容について
は，本テキストの「『生徒指導提要』（改訂版）のポイント」とデジタルテキ
スト化された以下の「『生徒指導提要』（改訂版）」で確認して欲しい。
https://www.mext.go.jp/content/20230220-mxt_jidou01-000024699-201-1.pdf

〈参考文献〉
・工藤亘「teachers as professionalsとしてのtap──『指導者』から『支導者（ファシリテー
　ター）』へ」『教育実践学研究』第16号，2012年，p.38

第**1**章

生徒・進路指導（キャリア教育）の意義と原理

第1節　生徒指導と進路指導（キャリア教育）の意義

1．生徒指導の意義

　「生徒指導」という言葉から，どのような語句を連想するだろうか。「問題を起こす子ども」「叱る」「罰」「別室」「反省文」……など，どちらかと言うとネガティブなイメージを抱くことが少なくないのではないだろうか。

　「生徒指導」とは，読んで字のごとく，「生徒」への指導はすべて生徒指導である。もちろん，ここで言う「生徒」には，児童も含まれることは言うまでもない。学校教育の中で最も時間をとっている教科指導においても，実は生徒指導の観点がたくさん含まれている。例えば，「始業のチャイム前に席について，授業の準備をする」，「授業中，教師の説明や人の発表等はしっかりと聞く」，「授業と関係のないおしゃべりはしない」など，子どもに授業を受ける構えを身に付けさせることは生徒指導なのである。また，子どもの地道な努力を認めたり，今，学んでいることが将来どのような場面で役に立つのかなどを説明したりすることで，さらに学習意欲を引き出すような働きかけをすることも生徒指導なのである。これらのことは，教壇に立っている教師であれば，誰もが日常的にあたり前のこととして行っていることである。しかし，それを，あえて「生徒指導」であると意識して行うことが大切である。なぜなら，このように意識することで，「生徒指導は在籍しているすべての子どもを対象にしているもの」→「生徒指導は課題を抱えている子どものみへの対応だけではない」→「生徒指導は担当者のみが行うことではない」→「生徒指導は教科指導の場面も含めて，すべての子どもを対象にして，教

11

職員全員で行うものである」というように，生徒指導に対する考え方を転換することができる。これにより，生徒指導のネガティブなイメージからも脱却でき，教職員一人ひとりにかかっていた負担も逆に減らせることができる。

　つまり，生徒指導とは，一人ひとりの子どもの人格を尊重するとともに，児童生徒が社会参画をしながら適切に自己実現を図り，自己と社会の幸福や発展を求めて生きていこうとする，そんな人間像へと子どもを導くことにあるのである。このような意図を持って行われる教師の働きかけは，教科指導の場面も含め，すべて生徒指導に当たると言える。したがって，学校生活のさまざまな場面で，生徒指導を行う必要がある。

　例えば，次のようなことはすべて生徒指導と言える。①登校時の朝の挨拶はもちろんのこと，授業の開始には着席し，授業の準備をするとともに，授業に臨む心構えを促すこと。②授業で得た知識や技能をどのように活用したら，自分が成長し，周囲のためになるのかを子ども達に考えさせること。③友達との関係について考えてみたり，積極的に異学年交流をする機会や場を設けたりして，さまざまな人と関係を築くこと。④自分の言動や振る舞いをより好ましいものにするように考えさせ，見つめ直させること。⑤建学の精神や学校目標などで，目指すべき人間像を示すこと。もちろん，学校の校則やルールを守らなかったり，さらには法に触れるような行為を行ったりした際に行う注意や指導も生徒指導である。そうした行為を行ってしまった子どもに対して，ただ単に，注意をしたり，叱ったりするだけではなく，児童生徒が学校生活や社会生活にうまく適応できるように働きかけることが大切であり，そのこと自体も生徒指導なのである。また，子どもが家庭のことや自分自身のことに悩んだり，人間関係に傷ついたりしたときなどは，児童生徒を受けとめ，次の一歩を踏み出せるように働きかけることも生徒指導なのである。このように，あらゆる場面における生徒への指導（働きかけ）はすべて生徒指導と言っても過言ではない。

　なお，2017年に改訂された「学習指導要領」（小・中）及び2018年の高等学校の「学習指導要領」の総則には，「学習指導要領と関連付けながら，生徒指導の充実を図ること」と明記されている（次ページ参照）。

小学校学習指導要領（2017〈平成29〉年3月告示）

> 第1章 総則
> 第4 児童の発達の支援
> 1 児童の発達を支える指導の充実
> (2) 児童が，自己の存在感を実感しながら，よりよい人間関係を形成し，有意義で充実した学校生活を送る中で，現在及び将来における自己実現を図っていくことができるよう，児童理解を深め，<u>学習指導と関連付けながら</u>，生徒指導の充実を図ること。

中学校学習指導要領（2017〈平成29〉年3月告示）

> 第1章 総則
> 第4 生徒の発達の支援
> 1 生徒の発達を支える指導の充実
> (2) 生徒が，自己の存在感を実感しながら，よりよい人間関係を形成し，有意義で充実した学校生活を送る中で，現在及び将来における自己実現を図っていくことができるよう，生徒理解を深め，<u>学習指導と関連付けながら</u>，生徒指導の充実を図ること。

高等学校学習指導要領（2018〈平成30〉年3月告示）

> 第1章 総則
> 第5款 生徒の発達の支援
> 1 生徒の発達を支える指導の充実
> (2) 生徒が，自己の存在感を実感しながら，よりよい人間関係を形成し，有意義で充実した学校生活を送る中で，現在及び将来における自己実現を図っていくことができるよう，生徒理解を深め，<u>学習指導と関連付けながら</u>，生徒指導の充実を図ること。

　これらのことからも，「生徒指導はすべての子どもを対象にして，教職員全員で行うものである」ことを改めて，意識したいものである。

2. 進路指導（キャリア教育）の意義

　次に「進路指導」という言葉から，どのような語句を連想するであろうか。「進路選択」「高校入試」「大学受験」「求人票」「履歴書」「面談」「三者面談」など，主に，中学3年生や高校3年生を対象にするような指導をイメージすることが少なくないのではないだろうか。

　では，「キャリア教育」という言葉からは，どのような語句を連想するであろうか。「仕事」「職業」「職場体験」「職業訓練」「ニート」「フリーター」など，主に，将来の仕事（職業）をイメージすることが少なくないのではないだろうか。

　進路指導については，「卒業時の進路をどう選択するかを含めて，［中略］どういう人間になり，どう生きていくことが望ましいのかといった長期的展望に立っての人間形成をめざす教育活動である」，「進路指導は，個々の生徒に，自分の将来をどう生きることが喜びであるかを感得させなければならないし，生徒各自が納得できる人生の生き方を指導することが大切である」[1]などと，生き方を指導する教育活動として，文部科学省の前身である文部省が，進路指導の概念を整理してきた。

　また，「キャリア教育は，職業生活，家庭生活，市民生活等における様々な立場や役割をキャリアとしてとらえ，一人一人にふさわしいキャリアを形成し，自立していくために必要な意欲・態度や能力等を育てることを目指しています」[2]とある。

　このように，進路指導とキャリア教育は同じことを目指していると言える。ただし，進路指導は一般的に中学校・高等学校における教育活動としてみなされてきたのに対し，キャリア教育は幼稚園から大学までのさまざまなフィールドにおいて実践されるにとどまらず，成人も対象としている。この点が，進路指導とキャリア教育との大きな違いであると言えるだろう。

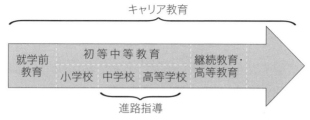

図1-1　進路指導とキャリア教育の関係

（文部科学省，2011c）

　では，進路指導（キャリア教育）の意義とは何であろうか。

　2017年（高等学校は2018年）改訂の「学習指導要領」の総則には，直接「キャリア教育」という言葉を用いて，その充実を図るとともに子どものキャリア形成を育むことを明記している（下線部は筆者）。第1章の総則に明記したということは，教育課程全体に関係するということであるため，子どものキャリア形成は，教育課程を中心とした，すべての教育活動を通して行う必要があるということである。

第1章 総則　第4 児童の発達の支援　1 児童の発達を支える指導の充実
（小学校）

> （3）児童が，学ぶことと自己の将来とのつながりを見通しながら，社会的・職業的自立に向けて必要な基盤となる資質・能力を身に付けていくことができるよう，特別活動を要としつつ各教科等の特質に応じて，キャリア教育の充実を図ること。

第1章 総則　第4 生徒の発達の支援　1 生徒の発達を支える指導の充実
（中学校）

> （3）生徒が，学ぶことと自己の将来とのつながりを見通しながら，社会的・職業的自立に向けて必要な基盤となる資質・能力を身に付けていくことができるよう，特別活動を要としつつ各教科等の特質に応じて，キャリア教育の充実を図ること。その中で，生徒が自らの生き方を考え主体的に進路

> を選択することができるよう，学校の教育活動全体を通じ，組織的かつ計
> 画的な進路指導を行うこと。

第1章 総則　第5款 生徒の発達の支援　1 生徒の発達を支える指導の充実
（高等学校）

> （3）生徒が，学ぶことと自己の将来とのつながりを見通しながら，社会的・
> 職業的自立に向けて必要な基盤となる資質・能力を身に付けていくことが
> できるよう，特別活動を要としつつ各教科・科目等の特質に応じて，キャ
> リア教育の充実を図ること。その中で，生徒が自己の在り方生き方を考え
> 主体的に進路を選択することができるよう，学校の教育活動全体を通じ，
> 組織的かつ計画的な進路指導を行うこと。

　特に，上記総則の下線部である「学ぶことと自己の将来とのつながりを見
通」すことは，子どもの主体的な学習意欲に結び付くことである。つまり，キャ
リア教育の意義とは，「学ぶことと働くこと，生きることの尊さを実感させ，
学ぶ意欲を向上させること」であると言える。したがって，進路指導とキャ
リア教育は，どちらも漢字一文字で表すと，「志」であるとも考えられる。

　なお，これまでに，しばしば聞かれていた「小学校卒業時点では就職をし
ないので，キャリア教育は必要ない」，「私達の高校では，ほぼ100％進学を
するのでキャリア教育は必要ない」などといった声が少なくなっているよう
に，キャリア教育の理念が浸透してきている。ただし，「キャリア教育＝将
来の職業」という概念が，まだ根強く残っており，キャリア教育の活動が，
小学校では「お仕事疑似体験」，中学校では「職場体験活動」，そして，高等
学校では「インターンシップ」が中心となっていることは否めない。もちろ
ん，将来の職業について考えることは大切である。しかし，職業に就くこと
が最終ゴールではなく，社会で自立していくために必要な資質や能力を発達
段階に応じて，子ども自らが身に付けていくことや，職業を通して，社会を
創り上げていくと子どもが思えるようなキャリア形成を新しい「学習指導要
領」では求めているのである。

16

　そのため，子どものキャリア形成に向けては，特定の活動のみを行うのではなく，小・中・高の各学校段階で行っているすべての教育活動を通して行うことが大切である。具体的には，次のように段階的に行うことが大切である。

【小学校低学年】
　自分の好きなこと，得意なこと，できることを増やし，さまざまな活動への興味・関心を高めながら意欲と自信を持って活動できるようにする。

↓

【小学校中学年】
　友達のよさを認め，協力して活動する中で，自分の持ち味や役割を自覚することができるようにする。

↓

【小学校高学年】
　苦手なことや初めて経験することに失敗を恐れず取り組み，そのことが集団の中で役立つ喜びや自分への自信につながるようにする。

↓

【中学校１年生】
・自分のよさや個性がわかる。
・集団の一員としての役割を理解し果たそうとする。

↓

【中学校２学年】
・自分の言動が，他者に及ぼす影響について理解する。
・社会の一員としての自覚が芽生えるとともに，社会や大人を客観的に捉える。

↓

【中学校３年生】
・自己と他者の個性を尊重し，人間関係を円滑に進める。
・社会の一員としての義務と責任を理解する。

　なお，段階的に行う際，各教科等における取り組みが相互に関連するよう

に意図的・計画的に行うことが大切である。子ども達の，各教科等における日常の学習態度や生活態度は，自分の進路や将来設計に関心・意欲を持つことによって，大きな影響を受ける。なぜ，勉強しなくてはいけないのか，今の学習が将来どのように役に立つのかということなどについての発見や自覚が，日頃の学習に対する姿勢の改善につながり，そのことが，さらに新たな発見やより深い自覚に結び付いていくことで，学習意欲の向上が期待されるのである。

　さらに，子どものキャリア形成を育む取り組みがより実効的なものとするためには，子どもの実態把握が欠かせないことは言うまでもない。たとえ表面的に見栄えの良い取り組みであっても，それ以前に，子ども達が身に付けなければならないこと，例えば，「時間を守る」や「人の話を聞く」などがあれば，それらを優先しなければ，子ども達が社会で自立していくためのキャリア形成には結び付かないことである。

　したがって，小学校から発達段階に応じたキャリア形成をすることが大切ではあるが，一般的に，小学校で身に付いていなければいけないことが，中学校段階においても身に付いていない場合には，そのことを身に付けさせることが実効的なキャリア形成に結び付くことである。（コラム①p.36参照）

第2節　教育課程における生徒指導と進路指導の位置づけ

教育課程とは

　小中高の学校種にかかわらず，どの学校でも，教育活動における働きかけは，以下のように，共通の流れがある。

---

①「子どもにどのような力を身に付けさせたいのか？」
　　　　　　　　　↓
②「そのために，何を，どのようにすれば良いのか？」
　　　　　　　　　↓
③「子どもはその力を身に付けることができたのか？」
（点検＝教師が子どもの変容を見取る）

↓

④（教師が）働きかけを見直す

①「うちの学校では，（在籍している）子ども達に，どのような力を身に付けさせたいのか？」：学校教育目標をつくるもとになる。
②「そのためには，何を，どのようにすれば良いのか？」：いわゆる「教育課程の編成」に当たる。
③「（実際に）子どもは，その（身に付けさせた）力を身に付けることができたのか？」：改訂された「学習指導要領」では特に重視をされている部分である。つまり，子どもがその（身に付けさせたい）力を本当に身に付けたかどうかを，教師の主観ではなく，（子どもの声などの）客観的な指標で判断し，（教師が）子どもの変容を見取ることが求められている。
④そして，子どもの変容を踏まえて，（教師自身が自分達の）働きかけを見直すことが大切である。

　この①から④の一連の流れ（PDCA）をいわゆる，「カリキュラム・マネジメント」と言う。
　②に着目してみると，「子どもに身に付けさせたい力」を習得させるために，各学校はそれぞれ自由に教育活動ができるわけではない。各学校は，国の定める教育基本法や学校教育法，また，その他の法令及び「学習指導要領」や教育委員会で定める規則などの示すところに従って教育内容を定めている。このように，教育内容を定めることを，「教育課程を編成する」と言う。
　以上をまとめたのが，図1-2（教育課程の全体構造）である。

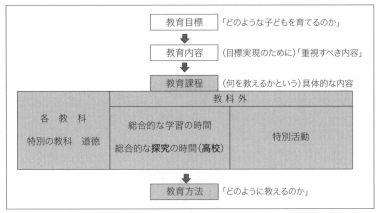

図1-2　教育課程の全体構造

（藤平敦，作成）

　網かけ部分は狭い意味での教育課程であり，図1-2全体を広い意味での教育課程（カリキュラム）と言う。この網かけ部分が「学習指導要領」でもある。

　つまり，網かけ部分は，具体的な教育の計画そのものであり，これは学校が主体となってつくるものである（教育課程の編成）。それに対して，図1-2全体は，計画レベルだけではなく，実施レベル，結果レベルまで含んだ教育計画（カリキュラム・マネジメント）のことであり，子どもを主体にして考えることである。

　小学校の教育課程は，各教科，特別の教科 道徳，総合的な学習の時間及び特別活動によって，また中学校の教育課程は，各教科，特別の教科 道徳，総合的な学習の時間及び特別活動によって，さらに高等学校の教育課程は，各教科に属する科目，総合的な探究の時間及び特別活動によって，それぞれ編成するものとすることが，学校教育法施行規則に示されている。

　学校における教育活動は，上記のように編成された教育課程に基づいて，そこに掲げる目標の達成に向けて展開される。その際，人間として調和のとれた児童生徒の育成を目指し，地域や学校の実態，児童生徒の心身の発達の段階や特性などを考慮し，教員の創意工夫を加え，学校の特色を生かすなど

適切な教育課程の編成が求められている。

　さて，図1-2の網かけ部分である教育課程（「学習指導要領」）は，大きくは各教科と教科外に分かれているが，生徒指導と進路指導は教育課程の中に位置づけられていない。

　学校における教育活動はきわめて多様であり，必ずしも，すべての教育活動が教育課程に位置づけて行われているとは限らない。たとえ教育的に重要な活動であっても，教育課程外として実施しているものもある。

　また，教育課程内の教科等として行われる教育活動（各教科，特別な教科道徳，総合的な学習の時間及び特別活動など）について，その内容に関する指導がうまく機能していくためには，生徒指導や進路指導（キャリア教育）の観点が必要となる。

　生徒指導と進路指導は，教育課程のすべての領域において機能することが求められている。また，それは教育課程内の指導にとどまらず，休み時間や放課後に行われる個別的な指導や，学業の不振な児童生徒のための補充指導，随時の教育相談など，教育課程外の教育活動においても機能するものでなくてはならない。

　このように，生徒指導と進路指導（キャリア教育）が，学校の教育目標を達成するための重要な機能の一つであることを踏まえ，生徒指導と進路指導（キャリア教育）が学校教育の中で果たす役割について，次節で考えてみよう。

第3節　児童生徒の状況別に行う指導

1．二つの予防の意味を考える

　予防には大きく二つの意味がある（図1-3参照）。一つは「早期発見・早期対応」であり，もう一つは早期発見の前段階である。前者を「初期対応」，後者を「未然防止」として整理できる。この二つの予防の意味を，健康診断を例にして考えてみることにしよう。

　「なぜ，健康診断を受けるのだろうか？」。児童，生徒，学生等であれば，学校保健法での「児童，生徒，学生および幼児の健康診断は，［中略］学校

においては，毎学年，定期に健康診断を行わなければならない」，学校の職員においても，同法での「学校の職員の健康診断は，［中略］特に都道府県の教育委員会において統一的に行わなければならない」などと，義務づけられていることから，義務感で受けるのであろうか。

　毎年，健康診断を受けているが，検査結果で「再検査の必要あり」の項目については，緊急性がないため，再検査を受けない人も少なくないようである。なぜ，再検査を受ける人が少なくないのかと言うと，健康診断を受けただけで安心をしてしまっているようである。

　健康診断とは，急性的でない身体の病的な部分を「早期発見・早期対応」をするためのものである。もちろん，これは予防だが，食事，睡眠，運動など，日常生活を規則正しく，かつ，健康的に送ることで，結果的に病気になりにくくするという意味での予防（＝「未然防止」）とは異なることである。

　このことは，学校教育の場でも，当てはめることができる。例えば，児童生徒へのアンケート調査や面談，または日頃の観察などから，緊急に対応する必要がないことであっても，児童生徒のサインを「早期発見」し，大きな問題にならないように「早期対応」をすべきことは，日常的に少なくない。それに対して，日頃から，児童生徒が健全な学校生活を送れるために，教育課程内の授業や学校行事，また，教育課程外の教育活動を，適切に行うことで，（結果的に）問題が起こりにくい学校になるという意味での予防（＝未然防止）とは，区別して考える必要がある。

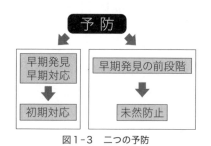

図1-3　二つの予防

（藤平敦，作成）

２．「未然防止」と「早期発見・早期対応」を明確に区別する

　「未然防止」と「早期発見・早期対応」を区別することを不登校の予防に置き換えてみることにしよう。３日連続で学校を休んでいる児童生徒に対しては，どの学校でも，早期対応としての家庭連絡や家庭訪問をしているだろう。ただし，家庭連絡や家庭訪問をする対象者は，不登校になる可能性がある児童生徒のみである。それに対して，日頃からわかりやすい授業を行う，特別活動をしっかり充実させることで，（結果的に）問題が起こりにくい学校になるという未然防止は，すべての児童生徒を対象にして行うことである。

　また，「いじめ防止対策推進法」（2013〈平成25〉年９月施行。以下「推進法」と言う）の第８条（学校及び学校の教職員の責務）には，「学校及び学校の教職員は，基本理念にのっとり，当該学校に在席する児童等の保護者，地域住民，児童相談所その他の関係者との連携を図りつつ，学校全体でいじめの防止及び早期発見に取り組むとともに，当該学校に在席する児童等がいじめを受けていると思われるときは，適切かつ迅速にこれに対処する責務を有する」と記載されている（下線部は筆者）。一般的に法令等の文書では，先に記載されていることのほうが優先順位は高いとみなされる。

　したがって，学校や教職員には，第一に「防止」（結果的に，いじめを起こりにくくする）を重視しつつ，「早期発見」（いじめの兆候を見逃さない）や「対処」（発見したいじめへの迅速な対処）を行うことが求められている。ただし，ここで注意をしたいことは，「防止」（＝未然防止）と「早期発見」を明確に区別することである。「推進法」が制定される前までは「早期発見」をしていれば（いじめを）「防止」していると考え，「早期発見」の取り組みを重視する学校が多かったようである。しかし，「早期発見」をしたときには，たとえ軽微ではあっても，いじめが進行しているため「防止」とは言えないはずである。より小さな段階での対応が目的である「早期発見」は，（深刻ないじめに発展しない）予防的な取り組みであると考えられがちであるが，「早期発見」の対象がいじめの疑いのある子どものみであり，それは，児童生徒に対する早い段階での事後対応と言えるであろう。（コラム⑨p.124参照）

　2017（平成29）年３月に告示された「小学校学習指導要領」の第１章総

則 第4の1 児童の発達を支える指導の充実には,「主に集団の場面で必要な指導や援助を行うガイダンス」と「一人一人が抱える課題に個別に対応した指導を行うカウンセリングの双方により,児童の発達を支援すること」と明記されている。

小学校学習指導要領（2017〈平成29〉年告示）

> 第1章 総則　第4 児童の発達の支援
> 1 児童の発達を支える指導の充実
> (1) 学習や生活の基盤として,教師と児童との信頼関係及び児童相互のよりよい人間関係を育てるため,日頃から学級経営の充実を図ること。また,主に集団の場面で必要な指導や援助を行うガイダンスと,個々の児童の多様な実態を踏まえ,一人一人が抱える課題に個別に対応した指導を行うカウンセリングの双方により,児童の発達を支援すること。

＊「中学校学習指導要領」と「高等学校学習指導要領」にも同じことが明記されている。

　この場合のガイダンスとは,初歩的な説明をするオリエンテーションの意味ではなく,学校での生活面や学習面等において,児童生徒が自己の能力や個性を最大限に発揮できるように支援をすること,または児童生徒が自分の適性を知り,自分で進路を決定できるように指導をするという意味である。
　つまり,前掲した図1-3の二つの予防では,「初期対応」が「カウンセリング」で,「未然防止」が「ガイダンス」であると言えるであろう。（図1-4）

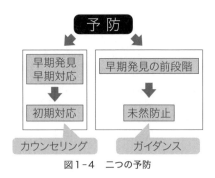

図1-4　二つの予防

（藤平敦，作成）

　このガイダンスは，20世紀の初めに米国で成立し，戦後，日本に導入された概念であり，生活指導と職業指導の領域を含んでいる。

3．未然防止の必要性

　文部科学省が毎年行っている「児童生徒の問題行動・不登校等の諸課題に関する調査」の不登校の項目によると，全国の小学1年生から中学3年生までの不登校児童生徒数は毎年約12万人存在していることがわかる。また，学年別に着目してみると，中学3年生の不登校生徒数は毎年約4万人存在しているが，この不登校である中学3年生は，毎年3月になると，卒業してしまうため，この4万人という数字は消えてなくなることになる。しかし，卒業により約4万人が消えたはずにもかかわらず，毎年，毎年約12万人の不登校児童生徒数が存在するのである。つまり，中学3年生の不登校生徒数である4万人と同数の新規不登校児童生徒が毎年出現していることになる。

　このことから，不登校対策には二つの視点があると言える。それは，①今現在不登校になっている児童生徒への対応をすることと，②新たな不登校児童生徒を出さないための働きかけをすることである。もちろん①と②のどちらも大切である。しかしこれまでは，①の今現在，不登校になっている児童生徒への対応に軸足を置いた方策が多かったようである。そのため，毎年，不登校児童生徒数は約12万人で推移していたのである。今後は，新たな不登校児童生徒を出さないための取り組み（未然防止）を重視する必要がある。

　このことは，不登校に限らず，いじめの問題にも言えることである。いじめの加害者である児童生徒のみに目が行き，彼（彼女）への指導により，問題が解決すると，新たないじめの問題が発生するという状態と同じことである。このような，いわゆる「モグラたたき」の状態は担任や生徒指導を担当する教師の負担感にもつながることであろう。いじめの加害者や問題行動を起こす児童生徒への対応のみを重視するのではなく，学校や学級全体の環境を重視している学校というのは，結果的に，いじめや問題が起こりにくくなっている。

　例えば，いじめには加害者や傍観者が存在する。この傍観者の雰囲気や表情，態度などが加害者の行動を増長させていることがある。逆に，いじめが

発生していても，周りの雰囲気がその行為を抑制させるものであると，加害者の行為はそれ以上進まないということになる。それゆえ，集団生活の場である学校では，一人ひとりの児童生徒が安心して学校生活が送れる環境をつくるという未然防止が欠かせないことである。

　いじめの問題に限らず，特定の児童生徒のみに目を向けるのではなく，すべての児童生徒に目を向ける「未然防止」が必要であることは，これまでも指摘されている。また，そのような「未然防止」の取り組みが十分に進んでいるとは言えないとも指摘されている。このことについては，次のような理由が考えられる。

① まだ問題が起きていない状況では危機感を実感しにくいため
② 目の前で起きている問題が優先されるため
③ どの取り組みが，問題を起こりにくくしたのかという検証がしにくいため

　現在，問題が起きている状況に比べて，まだ，問題が起きていない状況では，危機感を実感しにくく，たとえ緊急性が高くても，問題が起きていない段階では，対応を後回しにする傾向がある（①と②）。また，「早期対応」や「事後対応」では，生じていた問題が解消していく手応えをリアルタイムに実感できるのに対して，「未然防止」では，どの取り組みが，問題を起こりにくくしたのかという検証がしにくいという面がある（③）。

　ここまでで言えることは，特定の児童生徒のみに目を向けるのではなく，すべての児童生徒に目を向ける視点も重視する必要があるということである。

4．事後対応（対処）

　前述した「推進法」の第8条（「学校及び学校の教職員は，基本理念にのっとり，当該学校に在席する児童等の保護者，地域住民，児童相談所その他の関係者との連携を図りつつ，学校全体でいじめの防止及び早期発見に取り組むとともに，当該学校に在席する児童等がいじめを受けていると思われるときは，適切かつ迅速にこれに対処する責務を有する」）では，優先順位の高い順に，防止，早期発見，対処であることを確認した（下線部は筆者）。

　図1-5では，防止，早期発見，対処と優先順位の高い順に下から並べて

みた。生徒指導の場面では，防止→未然防止，早期発見→初期対応，対処→
事後対応という言葉が使われるように，生徒指導は三層構造であると言える。

　前述したように，初期対応と未然防止を予防と言い，この二つを明確に区
別する必要性がある。

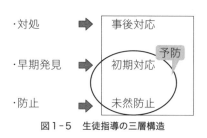

図1-5　生徒指導の三層構造

（藤平敦，作成）

　なお中央教育審議会「チームとしての学校の在り方と今後の改善方策につ
いて（答申）」（2016）では，「いじめ」と「貧困」の問題を中心として，生
徒指導上の課題が複雑化・多様化していることを指摘している。このことか
ら，特に，事後対応（対処）の場面では，スクールカウンセラー（SC）等
の心理の専門家や，スクールソーシャルワーカー（SSW）等の福祉の専門
家などと連携した，「専門性に基づくチーム体制の構築」が求められている。
（コラム⑯p.190参照）

第4節　発達段階に応じた指導

　当然のことではあるが，人は誰でも段階的に成長をしていく。そのため，
学校は，児童生徒の発達段階に応じた働きかけをする必要がある。もちろん，
同じ段階であっても，地域によっては，発達に差が見られることはありうる
ことなので，目の前の児童生徒の実態や状況を十分に把握した上で，教育活
動をする必要がある。（コラム⑤p.90参照）

　以下，小学校低学年から高等学校までを段階的に分けて，留意すべきこと
を確認してみよう。

1．小学校の低学年

　児童にとって自分の居場所があり，安心かつ安全であると感じとれる環境をつくることが大切である。学級担任の役割や学級経営の在り方が重視されるのはそのためである。自分がそこにいても構わない存在，そこにいることが歓迎されている存在であることを感じた上で，集団で活動することに慣れること，集団生活を送るためのきまりなどについて学ぶことが重要である。

　このとき，学級担任や学級内の児童との交流にとどまることなく，他学年の教師や高学年の児童などとの交流の機会を積極的につくることが望まれる。それによって，より広い人間関係があることに気づくことができ，学級だけでなく学校に対しても所属感を感じとることができる。また，上級生に手伝ってもらうことで安心して活動でき，上級生をお手本にすることで集団のきまりや他者とのかかわり方について学ぶことも容易になる。（コラム⑦p.94参照）

2．小学校の中学年

　児童が学級や学校が安心かつ安全な場所であると感じることは重要なことである。しかし，中学年の児童のために求められる学級担任の役割や学級経営は，低学年のそれとは少し異なってくる。保護されるだけの存在にとどまることなく，自分のことは自分でする，自分達の学級内の仕事は自分達だけでできる，自分達の学年の仕事は自分達だけでもできる，という自信を獲得できるよう，達成可能な役割を少しずつ分担させ，取り組ませていくことが望まれるからである。

　自分達はその所属する集団を心地よくする存在でもあることに気づくことが，責任感や行動力を高めることになる。また，トラブルの起きやすい同年齢だけの集団における他者とのかかわり方に慣れていくことも必要になる。教師の介入によって児童の人間関係が保たれている状態に満足することなく，他者との関係や集団の活動をより良いものにしていくために，児童自身も努力すべきであることに気づかせていく必要がある。（コラム⑦p.94参照）

３．小学校の高学年

　自分達の学級や学年内の仕事にとどまらず，学校内のさまざまな仕事を任せ，彼らが達成できそうな役割を増やしていくことが望まれる。中でも低学年の児童のお世話をすることは，高学年の児童全員が自己の有用性を感じることができる，またとない機会と言える。高学年の児童には簡単なことであっても，低学年の児童には困難なこととしてお手伝いをさせることで，高学年の児童全員が他者の役に立てたという自己有用感を感じとることができるからである。

　活動の内容が高度になってくる高学年の場合，学級や学年という同年齢の中だけで活動を進めると，一部の能力の高い児童だけしか自己有用感を感じとれないという事態が生じる。それに対して，低学年の児童のお世話活動の場合には，能力の高低を問わず，高学年の児童全員が自己有用感を感じとることができるのである。

　思いやりや気遣いを発揮させる機会をつくることについても，同じことが言える。同年齢，同学年の場合には相手を思いやったり気遣ったりさせるのは困難であるが，低学年の児童に対してであれば，それほど困難ではない。低学年相手の体験を経ることで，同じ学級内や学年内の人間関係に対しても思いやりや気遣いができるようになっていくのである。

４．中学校

　中学校における職場体験活動や奉仕体験活動は，貴重な機会や場である。この場合には，学校内だけでなく，地域や社会にも貢献できるという，より大きな自信や誇りを獲得させていくことが期待できる。将来のために，今，何をすべきかを併せて考えさせることは，自己実現を目指して生きていく大人へと，生徒自らが近づこうとすることを促すよい機会になる。（コラム⑥p.92参照）

５．高等学校

　中学校と同様に，インターンシップやボランティア活動などは，貴重な機会や場と言える。そして，地域や社会にも貢献できるという，より大きな自

信や誇りを獲得させていくことが期待できる。特に，中学校時代に比べて，将来の職業に対する意識も具体化していく時期である。生徒自らが，目標の実現に向けて何をすべきかを考えることが大切であり，結果目標ではなく，行動目標を重視させることが大切である。（コラム⑤p.90参照）

第5節　集団指導・個別指導の意義

1．集団指導と個別指導の関係

　集団で生活をする場である学校では，集団指導を重視するが，個に応じた指導が求められる場面も多々ある。集団指導と個別指導の関係については，集団指導を通して個を育成し，個の成長が集団を発展させるという相互作用が期待できる。そのため，教職員は集団指導と個別指導の両方をバランスよく行うことが大切であり，担当する教職員が一人で行うのではなく，教職員間で，児童生徒への指導について，合意形成を図ることが必要である。

　なお，集団指導の場面ではガイダンスを，個別指導の場面ではカウンセリングにより，児童生徒の発達を十分に支援する必要がある。なお，どちらの場面においても，児童生徒理解が根底にあることを忘れてはいけない。（図1-6）

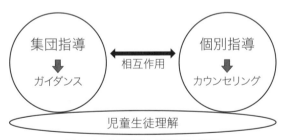

図1-6　集団指導と個別指導の関係

（藤平敦，作成）

2．集団指導の意義

　集団指導の良いところは，児童生徒の社会性を育むことに結び付くことで

ある。つまり，他者の存在により，自己有用感を得ることができたり，また，他者を認めることができるようになったりするなど，社会性を育むことができるという側面がある。生徒指導・進路指導（キャリア教育）のみならず，学校教育の最終ゴールは児童生徒の社会的自立である。そのため，学校における集団指導は不可欠である。ただし，集団でのルールや規律を守らせたりするという意味での指導ではなく，児童生徒が持つ資質や能力を，他者とのかかわりによって，自ら伸ばすことができるように，他者とかかわる場や機会を意図的につくることが必要である。

　学校にはさまざまな集団がある。具体的には，学級（ホームルーム），部活動，児童会（生徒会），そして，縦割りでのグループなどで，それぞれにおいて，さまざまな教育活動が行われている。児童生徒がさまざまな集団に所属して活動することで，彼らの人間関係や社会性が広がるため，集団指導は意義深いと言える。

3．集団指導における留意点

　授業を含めた集団活動でのあらゆる機会において，教職員は一人ひとりの児童生徒の居場所をつくるとともに，児童生徒同士の絆が育まれるような工夫をすることが大切である。そのためには，教職員が児童生徒の個性を十分に理解することは言うまでもない。なお，児童生徒の居場所は教職員がつくれるが，児童生徒同士の絆は，あくまでも児童生徒同士がつくるものであることを忘れないようにしたいものである。教職員には児童生徒同士が絆をつくれるような場や機会を与えたり，工夫したりすることが求められているのである。

　一般的に，授業を含めた集団活動での指導は，教職員が中心となる場合が少なくない。もちろん，発達段階や状況に応じて，教職員が中心となることが必要な場合もある。しかし，集団指導で求められている指導（ガイダンス）では，児童生徒の主体性を大切にした指導をすることが必要である。そのために，教職員は問いかけを多くし，児童生徒が自らの頭で考え，自らの言葉で伝えるように働きかけたい。これは，児童生徒の自己決定にも結び付くことである。児童生徒が集団での活動を通して，自分の意見を他者にしっかり

と伝えるとともに，他者の意見に耳を傾けて，他者理解に努めることは，自分と異なる他者の良いところを認めてあげることにつながる。その結果，良いところを認めてくれた者は，自己有用感が育まれることにもなる。これらが継続されることで，誰もが安心できる集団になり，結果的に，いじめ等が起こりにくい集団になっていくものと考えられる。

4．個別指導の意義

　個別指導とは，課題を抱える児童生徒のみならず，すべての児童生徒を対象に，個性を伸ばすことや，自分自身の成長に向けた意欲を高めるために働きかけることである。具体的には，一人ひとりの児童生徒に応じた情報を提供したり，一人ひとりの児童生徒に適した方法で，基礎的な技能や技術についての習得や熟練の機会を与えたりすることである。また，一人ひとりのキャリア形成（将来に向けた生き方など）についての話を聞いたり，したりするなどの働きかけが考えられる。

　個別指導とは，教職員が集団とは離れた別室で，児童生徒と1対1で指導をすることだけではない。集団の場においても，一人ひとりが抱える課題に個別に対応した指導を行うことは，個別指導である。さらに，課題を抱える児童生徒のみを対象にしてはいない。例えば，集団で行われている学習指導の場においても，児童生徒一人ひとりの学力差に十分な考慮をした個別指導をする必要がある。

　なお，個別指導では，時間，場所，対象者を特定しないことが原則である。学級担任や教科担当者である教職員は，「いつでも」「どこでも」「誰でも」，個別指導をする機会があるため，日頃から児童生徒をよく観察し，必要に応じて積極的に個別指導の機会をつくることが必要である。

　このように，学校で行われるあらゆる教育活動において，意図的に個別指導を行うことは意義深いことである。

5．個別指導における留意点

　個別指導には，児童生徒が抱えている課題そのものの解決を助ける方法と，児童生徒が自分で課題を解決できるように支援する方法がある。個別の状況

によって異なるが，生徒指導では，主体的な成長・発達のプロセスを支援する働きかけを重視していることから，後者の支援方法がより望ましいと考えられる。このように，児童生徒が自らの力で課題を解決しようとする態度を身に付けることは，将来，直面するであろう困難な課題にも臨機応変に対応し，社会で自立していくために必要な力を身に付けることにつながると考えられる。

　児童生徒が抱えている課題の背景には，児童生徒個人の性格などの個人的問題のみならず，児童虐待や家庭内暴力，または経済的に困難な状況など，家庭の問題，また，LD・ADHDなどの発達障害などが見られる。したがって，教職員はこのような課題の背景を十分に理解するとともに，スクールカウンセラー（SC）やスクールソーシャルワーカー（SSW）等の外部専門家と一緒に，チームで児童生徒を支援していくことが求められている。（コラム⑯p.190参照）

　なお，個別指導を円滑に進めるためには，日頃から，教職員は児童生徒と信頼関係を築くように努めることは言うまでもない。そのためにも，教職員は日頃から，児童生徒に対する態度や言動には十分に留意をしたいところである。

6. 教職員の児童生徒理解

　集団指導や個別指導にかかわらず，一人ひとりの児童生徒の成長を支援していくためには，教職員は児童生徒を十分に理解することが欠かせない。反対に，児童生徒を正しく理解することなしに児童生徒の成長は期待できない。

　生徒指導も進路指導（キャリア教育）も，一人ひとりの児童生徒が自ら成長していけるように働きかけをすることであるが，教職員が一人ひとりの児童生徒を理解することを基本として，集団指導や個別指導をすることが求められている。

学習課題 ....

（1）生徒指導と進路指導の意義について説明しなさい。

（2）教育過程における生徒指導と進路指導の位置づけを説明しなさい。

（3）「未然防止」と「早期発見・早期対応」の違いについて，具体例を挙げ

て説明しなさい。

（4）集団指導と個別指導の関係について，説明しなさい。

〈注〉

1　文部省「中学校・高等学校 進路指導の手引　個別指導編」1980年
2　国立教育政策研究所 生徒指導研究センター「キャリア教育って結局何なんだ？」2009年

〈参考文献〉
・国立教育政策研究所生徒指導・進路指導研究センター「『キャリア教育』資料集　研究・報告書・手引編」2016年
・日本生徒指導学会「現代生徒指導論」学事出版，2015年
・文部科学省「高等学校学習指導要領」2018年告示a
・文部科学省「高等学校学習指導要領解説　総則編」2018年b
・文部科学省「高等学校学習指導要領解説　特別活動編」2018年c
・文部科学省「高等学校キャリア教育の手引き」2011年a
・文部科学省「小学校学習指導要領」2017年告示a
・文部科学省「小学校学習指導要領解説　総則編」2017年b
・文部科学省「小学校学習指導要領解説　特別活動編」2017年c
・文部科学省「小学校キャリア教育の手引き（改訂版）」2011年b
・文部科学省「小中一貫した教育課程の編成・実施に関する事例集」2018年
・文部科学省「生徒指導提要」2010年
・文部科学省「中学校学習指導要領」2017年告示d
・文部科学省「中学校学習指導要領解説　総則編」2017年e
・文部科学省「中学校学習指導要領解説　特別活動編」2017年f
・文部科学省「中学校キャリア教育の手引き」2011年c

〈より深く学習するための参考文献や資料〉
・国立教育政策研究所生徒指導・進路指導研究センター「再分析から見えるキャリア教育の可能性——将来のリスク対応や学習意欲，インターンシップ等を例として」2016年
・国立教育政策研究所生徒指導・進路指導研究センター「生徒指導の役割連携の推進に向けて——生徒指導主事に求められる具体的な行動　高等学校編」2011年
・国立教育政策研究所生徒指導・進路指導研究センター「生徒指導の役割連携の推進に向けて——生徒指導主事に求められる具体的な行動　中学校編」2010年
・国立教育政策研究所生徒指導・進路指導研究センター「生徒指導の役割連携の推進に向けて——生徒指導主担当者に求められる具体的な行動　小学校編」2011年

・国立教育政策研究所生徒指導・進路指導研究センター「キャリア教育・進路指導に関する総合的実態調査第一次報告書」2013年
・国立教育政策研究所生徒指導・進路指導研究センター「キャリア教育・進路指導に関する総合的実態調査第二次報告書」2013年
・国立教育政策研究所生徒指導・進路指導研究センター「生徒指導リーフNo.1 生徒指導って，何？」2012年
・国立教育政策研究所生徒指導・進路指導研究センター「生徒指導リーフNo.5『教育的予防』と『治療的予防』」2012年
・滝澤雅彦・藤平敦・吉田順「担任・学年主任・生徒指導担当者 管理職・教育委員会指導主事，それぞれの役割『違い』がわかる生徒指導」『月刊生徒指導』48巻14号，学事出版，2018年
・藤平敦『若手教員の力を引き出す 研修でつかえる生徒指導事例50』学事出版，2016年

コラム①　０歳児から15歳までの一貫教育

　京都府久御山町では，町立のこども園・小学校・中学校を町全体の「学園」と見立て，０歳児から15歳までの一貫教育を推進するとともに，学校運営協議会など校区各種団体とともに，町ぐるみで将来の久御山を担う子ども達を育てる「久御山学園」を組織している。

　久御山学園では，目指す子ども像を「人生を開拓しようとする子」として，そのために，地域・保護者とともに，町内にある三つの「こども園」と三つの小学校，そして一つの中学校が「言語力」と「自己指導能力」の育成という同じ目標に向かって，久御山町の子ども達を育てている。

　このように，一つの市町村内の公立の機関で，０歳児から15歳までの一貫教育をしている地域は多くはなく，今後の学校種間の接続や段階的かつ継続的な指導の参考になるものと言える。

久御山学園　園小中一貫教育による
「中学3年生希望進路の実現」

言語力・自己指導能力を培った子どもの育成

主体的・対話的で深い学びの構築のために

小・中の縦のつながりを意識した「久御山学園学習スタンダード」の実践

出合い	出合いをしかける！	子どもの意欲を引き出すしかけを設定しましょう。
深い学び	交流で考えを深めさせる！	・一人学びで，すべての子どもに自分の考えをもたせましょう。 ・明確な目的をもって交流の場を設定しましょう。
ふり返り	学びの変化を感じさせる！	授業を通してできるようになったことを自分の言葉でまとめさせましょう。

こども園から小学校へのなめらかな接続を意識した
「幼小接続カリキュラム」の実践
〜こども園で育まれた力を生かして小学校生活をスタート〜

幼児期の終わりに目指す育ちの姿

見通しをもって行動しようとする子ども
遊びや生活を主体的に進めようとする子ども

① 知識・技能の基礎
② 思考力・表現力・判断力の基礎
③ 学びに向かう力・人間性等

環境を通して行う就学前の学び

①健康な心と体
②自立心
③協同性
④社会生活との関わり
⑤言葉による伝え合い
⑥道徳性・規範意識の芽生え
⑦思考力の芽生え
⑧自然との関わり・生命尊重
⑨数量や図形，標識や文字などへの関心・感覚
⑩豊かな感性と表現

平成30年3月発行

出典：久御山学園学習スタンダード，2018年

第2章

小学校低学年

第1節　児童理解と学級運営

1.「キレる子ども」の急増と低年齢化

　2018年10月25日に，文部科学省から平成29年度「児童生徒の問題行動・不登校等生徒指導上の諸課題に関する調査」が発表された。その中で，ここ数年，低学年の暴力行為が増加しているという分析がなされている。その内訳を，下記に紹介してみたい。

表2-1　小学校における加害児童生徒数の推移

	18年度	19年度	20年度	21年度	22年度	23年度	24年度	25年度	26年度	27年度	28年度	29年度
6年生	1,720	1,981	2,607	2,551	2,449	2,587	2,958	3,430	3,217	4,155	4,784	5,091
5年生	869	1,309	1,419	1,614	1,622	1,672	1,969	2,509	2,649	3,318	4,097	4,806
4年生	529	834	930	1,106	1,062	1,117	1,360	1,784	1,988	2,677	3,605	4,274
3年生	316	470	544	689	710	681	1,022	1,277	1,316	2,102	2,961	3,893
2年生	238	315	336	554	501	476	653	856	1,017	1,804	2,583	3,020
1年生	123	202	227	300	287	266	394	500	621	1,098	1,720	2,356
合　計	3,795	5,111	6,063	6,814	6,631	6,799	8,356	10,356	10,808	15,154	19,750	23,440

文部科学省（2018:12）より一部抜粋

　暴力は，小学6年生が一番多いが，学年別に平成18年度と平成29年度を比較すると小学1年生で19.2倍，小学2年生で12.7倍となっている。1年生で，教師を殴ったり蹴ったりする。ひどいときには，何度も殴って教師を骨折させてしまう児童もいたのである。実際，小学校低学年で，廊下を歩いている教師に対して後ろから飛び蹴りをし，教師が前のめりに倒れるという事例も見られている。

では，どうして小学校1年生や2年生に「暴力行為」が広がっているのだろうか。その理由として考えられることは，第一に「言葉で相手に気持ちを伝えるトレーニングが不足しているため，相手を叩いたり蹴ったりしてしまう」ということである。第二に，「ネガティブな感情を受けとめてもらえた経験が少ない」ということである。

　子ども達も，私達大人と同じ人間である。怒ったり泣いたり喜んだりするが，その感情の中で一番否定されがちなのが，「怒り」である。子どもが怒っていると，「いつまで怒ってんの！　しつこいわね！」などと言われてしまうのである。

2．子どもの事例から

　ある研究会でA先生（3年目・男性）が，小学校1年生のK君のことについて相談してきた。その事例を，箇条書きで紹介する。

(1) K君の状況

①K君は入学式のときから，初めて会った子を叩いたり，一斉指導しているときに，「うんこばばあ」「おっぱいじじい」などと，下品な言葉を連呼したりする。

②隣の席の子からは，「K君が叩いたり，変なことを言ったりするから嫌だ」という訴えが，毎日ある。

③5月の運動会の練習で，前に並んでいる子を蹴ったり，砂をかけたりするので，注意をするが聞かない。

④砂をかけられた子どもの親から「K君がちょっかいを出すので，運動会の練習が嫌だ」との訴えがあった。

⑤他の保護者からは，「うちの子が，K君はいつもお友だちを叩いて，先生に怒られていると話しています」と言われる。

⑥毎日のように「どうして人を叩いたの？」と問いかけて叱ることしかできず，このままでは，K君のことを嫌う子が増えてしまうのではないかと担任が不安になる。

こうしたことに対して，筆者は，「K君の母親は，とても厳しい人なんじゃないかな。小さい頃には，『うんち』などと言って楽しむことが大事なんだけど，K君は『言っちゃいけない』と躾けられてきたんじゃないかな」という話をし，メンバーからは「下品な言葉だけど，子どもにとっては面白い言葉。K君が言ったときに，みんなで笑ってみたらどうだろう」というアドバイスをした。A先生自身も，正しいことを教えようとする気持ちが強く，子ども達と笑ったり，楽しんだりすることが少なかったことに気が付いていった。

(2) K君への見方が変化したとき

K君は，2学期になってもトラブルが絶えず，授業中も相変わらず，「うんこばばあ」といった下品な言葉を連発していた。そこでA先生は，友だちをいきなり叩いたときにはK君の話を一通り聞き，「K君は，こうやってタッチしたんだね」と問いかけるようにしたのである。すると，素直に自分の非を認めて，自分から「ごめんね」と言えるようになっていった。

聞き方を，「叩く」から「タッチ」という言葉に変えたことでK君の心の変化が起きたのである。それ以来，K君は「ごめんね」と言えるようになり，トラブルが少しずつ減ると同時に，クラスの子がK君のよさに目を向けるようになっていった。遊びの中でのK君は，走りながら下品な言葉を連呼し，「先生，K君がまた，『おっぱい〜』って言ってたよ」などと，子ども達は毎日，K君語を届けてくれたのである。

ある日の授業中，いつものようにK君語が聞こえてきた。「おなら」という言葉に，クラスみんなが大笑い。「ブー」「ブリブリ」「プ〜」など，男の子も女の子もオリジナルのおならを口で言って披露した。A先生が鼻をつまんで，「くさ〜い。2組はおなら合唱団だ！！」と言うと，みんな，お腹を抱えて笑ったとのことであった。

休み時間になり，何人もの子どもがA先生のところにやってきて，「ププップ〜」とおならの音で歌をつくって笑っていたが，K君はその中には入ろうとしなかった。理由を聞くと，「人の前で，そんなことを言ってはいけないとお母さんに言われているし，お母さんにすごく怒られる」ということだった。

「お母さんには内緒にするから……」と声をかけると，K君は恥ずかしそうにみんなの輪の中に入り，みんなと一緒に笑っていた。

(3) 聴く雰囲気を創りだし，教師が子どもの翻訳者になる

　K君が変わっていったきっかけは，次の2点である。第一に，「叩く」を「タッチ」と言い換えたことである。「タッチ」という言葉は，柔らかい言葉に聞こえる。K君の中では，「叩く」＝「怒られる」という形でつながっていたのである。アプローチの言葉を換えるだけで，相手の話を受けとめると同時に自分の思いを語るようになっていったのである。

　第二に，子どもの下品な言葉を受けとめてあげると同時に，「怒られる子」という見方を「面白い子」という見方に変えていることである。

　言葉で伝えるトレーニングをすることが，今の子どもには大切になっている。その際には，教師のサポートが必要になってくる場合がある。例えば，「いつも1番になりなさい」と言われる子どもを体育館に行くために廊下で並ばせたところ，その子は3番になり，「1番じゃなかった。殺してやる！」と言ったのである。そうしたときに，たいていの教師が，「そんなことを言ってはいけません！」と否定する。それでは，子どもは何も変わらないのである。教師はそのときに，「『1番じゃなくてくやしい！』んだよね！」と言い換える。低学年の言葉は，時として相手のことを考えないで言ってしまうことがある。だからこそ，そうした子どもの感情的な言葉を，相手に伝わる言葉に言い換えてあげることが，大切なポイントとなる。つまり，教師は，子どもの言葉の翻訳者になることが大切であり，それによって子どもはむかつきや怒りの感情をきちんと言語化できる子どもになっていくのである。（コラム②p.62，③p.63，④p.64参照）

第2節　学習指導における生徒指導

1．低学年時に「非認知能力」を育てる

　日本財団が2018年1月に発表した「家庭の経済格差と子どもの認知・非認知能力格差の関係分析」によると，「小学校特に低学年において"非認知

能力"を育てること」が大きなポイントになっていることよくわかる。ちなみに，「認知能力」とはIQや学業達成など，学力テスト等で測定可能な能力のことであり，「非認知能力」とは，自制心・勤勉性・外交性・協調性などその他の要素のことをさしている。

　その他には，「貧困状態にある子どもの学力は10歳（小学校4年生）を境に急激に低下すること」，「生活保護世帯と経済的に困窮していない世帯の偏差値の推移（国語）の平均偏差値を比べると，7〜9歳の子どもは大きな差はないものの，10歳になると偏差値で5.5ポイントの差が現れ，その後の14歳まで偏差値5ポイント前後の差が続くこと」，「年齢が上がるにつれ，貧困世帯の平均的な学力は低下し，困窮していない世帯の学力は上昇すること」などがビッグデータをもとに分析されていた。

　驚いたことは，「低学力のまま年齢が上がると，学力を高めることが難しくなること」や「基本的な非認知能力は，経済状況によって低学年時から差が大きい」という結果であった。例えば生活保護世帯の場合，小学校低学年の時点から家族への相談の可否，がんばっていることの有無，朝食をとる習慣などの基礎的な項目が，生活保護を受けていない世帯より低水準であった。

　そうした否定的なデータの中で，今後の課題として考える必要があるのが，「生活保護世帯や就学援助世帯の子どもの中に学力の高い子どもと低い子どもが存在しており，学力の高い子どもほど，生活習慣や学習習慣，思いを伝える力などが高水準にある。なかでも，生活習慣は低学年時から両グループの差が大きいこと」であった。

　つまり，経済状況と学力・非認知能力は密接な関係にあるが，低所得層の子どもの中にも高い学力を維持している子どもがおり，それらの子どもの共通点は，「"非認知能力"が高い」ということである。次の図は「基本的な非認知能力の学年別推移」である。（図2-1）

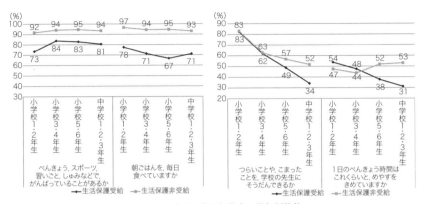

図2-1　基本的な非認知能力の学年別推移

（日本財団，2018）

　これを見ると，「基本的な非認知能力は，低学年時点から差が大きい」ことや，小学5・6年生で「学校の先生に対する信頼度が生活保護受給世帯の子どもの方が低くなっていく」ことがわかる。次に図2-2を見てほしい。

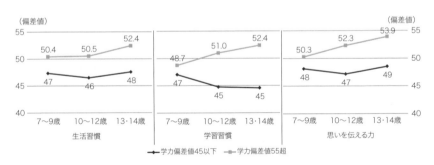

※ここでは生活保護世帯，就学援助世帯，児童扶養手当世帯を指す。

図2-2　貧困世帯における学力の高い子どもと低い子どもの非認知能力

（日本財団，2018）

　貧困世帯のうち，学力が高い子どもと学力が低い子どもを比較すると，学力の高い子どもは，「生活習慣」や「学習習慣」「思いを伝える力」などが高水準にある。中でも生活習慣は，低学年時から両グループの差が大きいこと

がよくわかる。

　こう考えてみると，小学校の低学年において，「非認知能力」を育てる教育をすることが，子どもが大きく変容することになるといえる。（コラム⑫p.154参照）

2．「学び」の基礎づくりが低学年の課題

　低学年において「生活の習慣」を付けるのはもちろん，「学習の習慣」を付けることが大きな課題である。そうはいっても，「学習の習慣」がそう簡単に身に付くものではなく，宿題点検表や忘れ物点検表を付けたからと言って「非認知能力」が高まるというものではない。

　「非認知能力」と「学習習慣」を同時に身に付けさせる接着剤は，「面白い」「楽しい」「やってみたい」という情動である。この情動をいかにつくりだすことができるかが，低学年の「学習指導における生徒指導」である。いわゆる「学び」の基礎づくりをしていくことである（学びに向かう姿勢をつくる）。

　では，具体的にどのような実践が必要なのであろうか。1年生の生活科を使った学びを箇条書き的に紹介したい。

・5月の教材に「たねまき」があり，「自分で育てたい花を決め，進んで蒔くことができる」，「種を蒔く方法を調べ，土づくりや種蒔きをすることができる」が目標である。
・ここで学ばせたいことは，「種から芽が出てくる不思議さ」と捉えた。
・子ども達には，「あさがお」「ひまわり」「コスモス」「マリーゴールド」「おしろいばな」を自由に選ばせ，鉢植えに植えさせた。
・教師が，「先生は，お金を植えます。お金を増やしたいからです」と声がけをした。
・子ども達からは，「そんなの増えるわけないよ」，「お金が増えたら，みんな金持ちになるから，ありえない」などの発言が出た。
・子ども達は毎日教師の鉢植えを必ず見て，「芽が出ていないこと」を報告してきた。
・1週間後，子ども達の種から芽が出始める。そのときに，「なぜみんなの

種は芽が出るのに，先生の種は芽が出ないのだろう？」と問いかける。
・子ども達は，「種の中に秘密があるのではないか？」と考えていった。
・そこで，種の中を調べてみることにし，種をカットしてみると，白い部分と小さい緑の芽のようなものを発見した。
・子ども達は，「白い部分が芽を育てる栄養で，緑のところは芽の子どもなんだ！」と大喜びした。
・この考え方は，いずれ5年生の「植物の発芽と生長」につながっていくことがわかるだろう。
・その他には，土を古いフライパンで熱を加えて炒めてみた。その炒めた土の中に種を入れて水をやったところ，芽が出たあとにすぐに枯れてしまった。
・子どもは，「土の中にも，芽を育てる力があるんだよ。栄養みたいなものだと思うけど，それが死んじゃうんだよ！」と発言した。

　子ども達は，こうした学びの中で，芽が出ることの不思議さを学んでいった。このように，「面白い」「どうして？」といった心を動かしながらの学びが「非認知能力」を育て，「学ぶことが大好き」という子どもを育てるのである。また，5年生の学びにつながるように考えるということは，「カリキュラム・マネジメント」の考え方に基づいている。これを参考にして，低学年での「豊かな学び」をぜひとも展開してもらいたい。

第3節　道徳教育と生徒指導

　「道徳教育」と「生徒指導」は並列に示されることも少なくない。しかし，道徳教育とは，教育課程として位置づけられているものである。それに対して生徒指導とは，「学習指導」とともに教育機能として使われている言葉である。

1．全教育活動を通じて行う道徳教育
　道徳教育については，2017年改訂の「小学校学習指導要領」第1章 総則の第1の2の（2）において，次のように示されている。

　学校における道徳教育は，特別の教科である道徳（以下「道徳科」という。）を要として学校の教育活動全体を通じて行うものであり，道徳科はもとより，各教科，外国語活動，総合的な学習の時間及び特別活動のそれぞれの特質に応じて，児童の発達の段階を考慮して，適切に指導を行うこと。

　道徳教育は，教育基本法及び学校教育法に定められた教育の根本精神に基づき，自己の生き方を考え，主体的な判断の下に行動し，自立した人間として他者と共によりよく生きるための基盤となる道徳性を養うことを目標とすること。

　道徳教育を進めるに当たっては，人間尊重の精神と生命に対する畏敬の念を家庭，学校，その他社会における具体的な生活の中に生かし，豊かな心をもち，伝統と文化を尊重し，それらを育んできた我が国と郷土を愛し，個性豊かな文化の創造を図るとともに，平和で民主的な国家及び社会の形成者として，公共の精神を尊び，社会及び国家の発展に努め，他国を尊重し，国際社会の平和と発展や環境の保全に貢献し未来を拓く主体性のある日本人の育成に資することとなるよう特に留意すること。

　学校の教育活動の中で道徳教育にかかわらないことはなく，その内容は，「小学校学習指導要領」第3章 特別の教科　道徳において，「A　主として自分自身に関すること」，「B　主として人との関わりに関すること」，「C　主として集団や社会との関わりに関すること」，「D　主として生命や自然，崇高なものとの関わりに関すること」の四つの視点にまとめられており，小学校低学年については，A〔善悪の判断，自律，自由と責任〕他四つ，B〔親切，思いやり〕他三つ，C〔規則の尊重〕他六つ，D〔生命の尊さ〕他二つの合計19の内容項目について指導することとしている。

２．指導内容の重点化

　このように，全教育活動を通じて行う道徳教育で指導する内容は多岐にわたっている中で，小学校という発達の段階においては，生きる上で基盤となる道徳的価値観の形成を図る指導を徹底するとともに自己の生き方についての指導を充実する観点から，各学年を通じて，自立心や自律性，生命を尊重

する心，他者を思いやる心の育成に配慮することが大切である。

特に，小学校低学年の段階では，挨拶などの基本的な生活習慣を身に付けることや善悪を判断し，してはならないことをしないこと，社会生活上のきまりを守ることについて配慮して指導に当たることが求められる。

基本的な生活習慣は，健全な生活を送る上で必要なものであり，健康や安全にかかわること，物の活用や整理整頓にかかわることなどがあるが，小学校生活の入門期で身に付くような指導をすることが求められる。

善悪を判断し，してはならないことをしないことは，例えば，うそを言わない，人を傷つけない，人のものを盗まないなど，人としてしてはならないことや善悪について自覚し，その上に立って社会生活上のきまりを守ることができるよう指導することが大切である。小学校低学年の段階では，幼児期の教育との接続を配慮するとともに，「幼児期の終わりまでに育ってほしい姿」を考慮するなど，家庭と連携しながら，これらの内容を繰り返し指導することが大切である。

3．道徳科と生徒指導

道徳科の授業は，年間35時間（第1学年については34時間）以上行うものであり，その目標は，2017年改訂の「小学校学習指導要領」第3章 特別の教科　道徳の第1において次のように示されている。

> 第1章総則の第1の2の（2）に示す道徳教育の目標に基づき，よりよく生きるための基盤となる道徳性を養うため，道徳的諸価値についての理解を基に，自己を見つめ，物事を多面的・多角的に考え，自己の生き方についての考えを深める学習を通して，道徳的な判断力，心情，実践意欲と態度を育てる。

道徳科で育てようとしているこの「道徳的判断力」とは，それぞれの場面において善悪を判断する能力，「道徳的心情」とは，道徳的価値の大切さを感じとり，善を行うことを喜び，悪を憎む感情，「道徳的実践意欲と態度」とは，道徳的判断力や道徳的心情によって価値があるとされた行動をとろうとする傾向性を意味する。「道徳的実践意欲」は，道徳的判断力や道徳的心

情を基盤とし道徳的価値を実現しようとする意志の働きであり，「道徳的態度」は，それらに裏づけられた具体的な道徳的行為への身構えと言うことができる。これらは，道徳性を構成する諸様相であり，一人ひとりの児童が道徳的価値を自覚し，自己の生き方について考えを深め，日常生活や今後出会うであろうさまざまな場面，状況において，道徳的価値を実現するための適切な行為を主体的に選択し，実践することができるような内面的資質である。つまり，道徳科では，直接，道徳的行為を求めるものではなく，道徳的行為が実践できる心を育てていると言える。

　一方，序章でも述べているように生徒指導は，「指導」を，「教育者の主導のもと，目標に向かって教え導くこと」（工藤亘，2012）とし，教師主導で教師が指差す方向へ子ども達を導くこと，つまり，日常生活の児童の問題行動に対して，直接働きかけて改善を図っていくものでもあることから，道徳科とは性質が異なる。しかし，これを「子ども達の主体性を最大限に尊重した上で双方向のやりとりを大切にし，個人やグループのプロセスに気付き，その状況を的確に判断し，個人やグループの能力を十分に発揮できるように支援しながら導くこと」（工藤亘，2012）とする「支導」と捉えるならば，道徳科のスタンスに近いと言える。道徳科では，こうしなさい，これはいけませんなど，児童の問題行動そのものを直接指導するのではなく，その行為を支える道徳的価値の意義等について自分自身とのかかわりで捉え，多面的・多角的に考え，一人ひとりの児童がよりよい生き方について考えを深めていきながら，特に自分にとって大切な道徳的価値観を獲得していくようなことが行われていくものである。

4．低学年に対する指導の在り方

　小学校低学年という発達の段階を踏まえると，まだ，善悪の判断も身に付いていなかったり，道徳的諸価値のよさにも気づいていなかったりすることが多い。好きなことに夢中になって生活し，親や先生に叱られることが悪いことやいけないことだと学んでいく。そして，内容項目の一つである〔規則の尊重〕を例に挙げるならば，「きまりはどうして守らなくてはいけないの」と問えば，「いけないから，叱られるから」と答える。このような時期だか

らこそ，より具体的な生活場面での指導が児童にとってはわかりやすく，日常生活での生徒指導を中心に，善悪の判断やしてはならないことをしないようにすること，きまりを守ったり，規則正しい生活をしたりすることを教師から子ども達へしっかりと教えることが重要である。

それは，道徳科の授業での指導の在り方にもかかわることであり，基本的には，道徳的価値を絶対的なものとして指導したり，よさや大切さを観念的に理解させたりする指導は行わないが，授業では読み物教材等を活用しながら，これまでの生活を具体的な場面で振り返るような工夫をして，よりよい行為について考え，理解し，実践しようとする意欲が高めていけるような指導をしていくことが大切である。

第4節　キャリア教育と特別活動

1．はじめに

キャリア教育と特別活動の節では，校種や学年をもとに，小学校低学年，小学校中学年，小学校高学年，中学校，高等学校に区分して考察をする。そして，キャリア教育と特別活動の両方にとって重要なキーワードである，「社会の形成者」と「社会参画意識」，「キャリア・パスポート」「自己変容」「進路指導」に着目する。

なお，「社会の形成者」とは，教育基本法第1条に登場する用語で，日本の教育の目的の一つとなっている。2006（平成18）年12月13日の「参議院・教育基本法に関する特別委員会」で，社会の形成者としての必要な素質について当時の伊吹文明文部科学大臣は「国家や社会の形成に主体的に自分も参画していく人であり，同時に，その国家や社会を維持していくに必要な自己規制と義務を果たせる人であり，さらにまた，この日本の伝統と文化を基盤とした上で国際社会で生きていける人間」であると答弁している。そのため，「社会の形成者」は，「社会参画意識」，自己規制，義務の遂行，伝統文化の尊重，国際社会への対応といった内容を含んでいる。

「キャリア・パスポート」とは，厚生労働省の「キャリア・パスポート（仮称）構想研究会 報告書」（2014年）によると，従来のジョブ・カードを発展させ

て「学生段階から職業生活を通じて活用し，自身の職務や実績・経験，能力等の明確化を図る」ものである。

「自己変容」とは，ここでは児童が活動を通して変わることを意味している。学問的には，認知行動的な動機づけの介入である「ガイド付き自己変容」（Guided Self-Change, GSC）を背景としている。

「進路指導」とは，「生徒の個人資料，進路情報，啓発的経験および相談を通じて，生徒みずから，将来の進路の選択，計画をし，就職または進学して，さらにその後の生活によりよく適応し，進歩する能力を伸長するように，教師が組織的，継続的に援助する過程」（文部省，1983）である。

2．小学校低学年のキャリア教育と特別活動の関係

（1）小学校低学年のキャリア教育

キャリア教育とは「一人一人の社会的・職業的自立に向け，必要な基盤となる能力や態度を育てることを通して，キャリア発達を促す教育」（中央教育審議会，2011）とされている。

小学校の職業的（進路）発達の段階は「進路の探索・選択にかかる基盤形成の時期」であり，低学年のキャリア発達課題は「①小学校生活に適応する。②身の回りの事象への関心を高める。③自分の好きなことを見つけて，のびのびと活動する」（文部科学省，2011：10, 20）である。キャリア教育で育成すべき「基礎的・汎用的能力」として「人間関係形成・社会形成能力」「自己理解・自己管理能力」「課題対応能力」「キャリアプランニング能力」の四つを提示している。（文部科学省，2011：14-15）

キャリア教育は児童に「能力や態度」を育てて「キャリア発達」を促すもので，その活動が促進されるように先のキーワードを活用して指導のヒントを探ってみよう。「社会の形成者」と「社会参画意識」という教育の目的につないでいくためには，家庭や幼稚園・保育所などと異なる小学校という環境に児童が慣れて周囲に関心を示し活動できるようにキャリア教育を展開することになる。具体的な教育の際には，「基礎的・汎用的能力」がどの程度育成できているかという確認のために，育成が目指される諸能力に準拠した「キャリア・パスポート」が活用できる。「キャリア・パスポート」と

は，児童一人ひとりの将来につながる記録のことで，いわば学習の履歴書（Curriculum Vitae）のようなものである。個々の児童の「キャリア・パスポート」を活用して児童の「自己変容」をみとる際には，教師がキャリア教育としてどのような認知行動的な動機づけの介入を実施したかという部分に着目して，指導内容と指導方法の改善を図る。その際は，中学校以上で実施される「生徒指導」に連続する活動として改善策を検討できるとよい。具体的には，小学校低学年では各児童が「かかりのおしごと発表会」などで係活動を通して自分の好きなことを見つけられるようにし，教師はそれを伸ばす働きかけをして，中学校以降での進学や就職につなげ，その後の生活の適応への手助けとなることが期待される。特別活動・学級活動の「かかりのおしごと発表会」（文部科学省，2011：118-119）の事例については，「遊び＆ゲーム」係，「本をよもよも」係，「ニュース特ダネ」係が例示されており，係への感謝の言葉を伝えるという展開が例示されている。（コラム⑥p.92参照）

(2) 小学校低学年の特別活動

　特別活動は小学校では「学級活動」「児童会活動」「クラブ活動」「学校行事」で構成される。この中で「クラブ活動」は主として第4学年以上で実施されるため，低学年での活動は「学級活動」「児童会活動」「学校行事」の三つである。この中で特に「学級活動」は内容の取り扱いを低学年，中学年，高学年に分けている。低学年での学級活動の配慮事項は，「話合いの進め方に沿って，自分の意見を発表したり，他者の意見をよく聞いたりして，合意形成して実践することのよさを理解すること。基本的な生活習慣や，約束やきまりを守ることの大切さを理解して行動し，生活をよくするための目標を決めて実行すること」である。「社会の形成者」として「社会参画意識」を育成するために，合意形成（Consensus Building）の機会を提供することは有益である。合意形成とは，多様な利害関係者の意見の一致を図ることであり，社会での意思決定の基本である。そして，小学校低学年でも，係の決定やお楽しみ会の内容の決定などさまざまな題材で実施されている。これらの学級活動が，「社会の形成者」の育成を目指していることを意識した指導となることに配慮されなければならない。

　その際の記録として「キャリア・パスポート」を活用できる。特別活動で育成が目指される資質・能力の柱は「知識，技能」「思考力，判断力，表現力等」「学びに向かう力，人間性等」である。キャリア教育で育成を目指す諸能力と対応させると，キャリア教育の「人間関係形成・社会形成能力」と「キャリアプランニング能力」は特別活動では「学びに向かう力，人間性等」と対応し，「自己理解・自己管理能力」は特別活動では「知識・技能」に対応し，「課題対応能力」は「思考力，判断力，表現力等」にかかわりが深い。図にすると次のようになる。

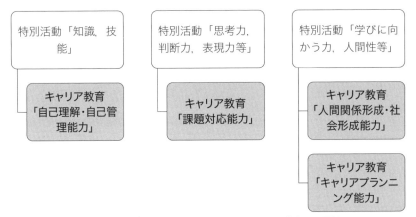

図2-3　小学校特別活動の資質・能力とキャリア教育との関係

（林尚示，作成）

　これらの特別活動の資質・能力の柱を育成する教育実践によって，「キャリア・パスポート」を活用して児童の「自己変容」の状況を常に把握し，授業改善を繰り返す。このような指導が，中学生になった際の進学，就職，その後の生活を考えさせる「進路指導」に積極的にかかわれる素地となる。

3．小学校低学年のキャリア教育と特別活動のまとめ
　キャリア教育は全教育活動を通して実施する活動であるため，小学校低学年の特別活動でも実施できる。特に話し合い活動での他者との「人間関係形

成」，「合意形成」，学級での生活をよくするという意味での「社会参画」などの視点から特別活動の特徴を捉えると，小学校低学年のキャリア発達課題の指導には最適な教育活動であると考えられる。

第5節　特別支援教育と生徒指導

「特別支援教育と生徒指導」の就学前から高等学校卒業の社会生活までの全体的な流れと生徒指導のキーワードを図2-4に示した。

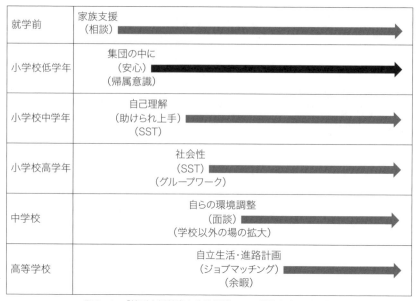

図2-4　「特別支援教育と生徒指導」の一貫性とキーワード

（安藤正紀，作成）

1．就学前から高等学校卒業後までの全体を見渡して

まず，就学前から小学校低学年にかけては，「支援を必要とする」子どもと保護者はとても不安な時期にあると言える。家庭内での療育の仕方について，父親と母親，祖父母との考え方の違いや，就学時期を迎え，就学を通常

学級にするか特別支援学級にするかなどの就学相談での教育委員会との話し合い等で，特に母親は不安定にならざるを得ないのである。この時期の生徒指導は「児童の発達・障害に関する相談」「家族を支える療育相談」「小学校就学に向けての適切な移行支援」が重要になる。

　小学校低学年を考えると以下の2点が必要となる。

2．「児童の発達や障害に関する相談」「家族を支える療育相談」について

　通常学級に在籍し，自力では解決することが困難な課題を持つ子ども達の多くは，学習，行動，人間関係，ソーシャルスキル，コミュニケーションなどの発達や障害に関する課題に加え，家庭生活や保護者，地域の資源等との調整を必要とする課題が複合的に絡み合っている。それゆえに，医療，福祉，教育，労働等の機関連携と将来を見据えた乳幼児期から卒業後までの一貫した相談と支援が必要となる。特にこの時期は児童が示す問題行動に意識が向かいがちであるが，一番の根底に置かなければならないことは，本人を含めた家族への相談と支援であり，担任としての優しいまなざしである。

3．「小学校就学に向けての適切な移行支援」について

　子ども達はすべて，さまざまな悩みや課題を抱えているとともに，その解決に向けて自分自身で何かをしようと努力している。学校教育では，こうした子ども達の努力について，直接間接を問わず，その子どもにあった方法で働きかけをしていくことが重要である。このような子ども達一人ひとりの持つ独自の課題が，その子どもの「教育的ニーズ」である。特に，小学校低学年では，その一人ひとりの「教育的ニーズ」に立ち止まりながら，学級が滞っても集団の中で丁寧に対応することが求められている。

　「安心できる居場所づくり」と「集団への帰属意識づくり」には，近道はないと言える。一人ひとりに丁寧に「支導」すること，つまり，①先生は，困ったときには何をおいても必ず助けてくれる，②どうしても，落ち着かなくなったら，クールダウンできる場や人の存在がある，③視覚化，構造化によって，見通しを持たせる，などが「安心できる居場所づくり」に必要なことである。

第6節 校内・保護者・地域・関係機関との連携と生徒指導

1. 低学年の子どもと生徒指導

　善悪の判断は一応つくものの反省という行動は十分とれないのが低学年の子どもの特徴である。自分が悪くても平気で人のせいにするのに他人が悪いことをしたらそれが故意でなくても強く非難する。これは自分で自分を省みたり他人の身になって考えたりする能力が身に付いていないからで，「自己中心的」とか「利己的」などといったものとは異なる。低学年における子ども同士のトラブルの多くはこのような反省のなさに起因する場合が多い。このため，動植物や自然とふれあう機会を持ったり高齢者や障害者との交流機会を持ったりして，自分よりも弱い存在や立場の人を大切にする習慣を身に付けさせるのはこの時期の子ども達にとって大切な指導となる。

　他方，自分をある程度抑えたり我慢したりができるようになる。小学校に入学して勉強が可能になるのは自己制御ができるようになったからである。また，大人や年長の子どもに言われれば従えるようになるので異学年交流などが成立する。高学年になって発生する問題行動の多くは自己制御の力が不足するためで，この時期に大人が善悪の判断や規範をしっかり示すとともに，上級生である中・高学年の子ども達は自分達のことを気にかけてくれる存在であると十分認識させる必要がある。

　遊びに関しては，ただ勝てば（勝たせてもらえれば）満足するのが低学年の特徴である。このため負けることは大変に嫌がる。結果としての勝ち負けより，過程を重視するようになる中学年以上の子ども達との違いがここにある。ゲームの楽しさが本当にわかるのは中学年になってからで，勝ち負けにこだわるのはよくないと言っても真に理解はできないのが低学年である。道徳性の基本や健全な仲間意識を育てるのは大切だが，低学年の特性を十分に踏まえない指導は子どもを萎縮させる恐れもあるので気を付けたい。

　低学年というのはまだまだ子どもであり，太陽のように降りそそぐ愛情を必要としており，毅然とした態度で接する大人に比べ温かく見守ってくれる大人のほうが子どもには受け入れやすい。北風のような指導はこの時期の子

どもにはまだ受け入れにくいものである。低学年の生徒指導においてはこのような低学年の子どもの特質を十分に踏まえ，保護者と教師，校内の教師間で必要な情報を共有することが大切である。その上で，学級における受容的な雰囲気づくりや好ましい生活習慣，ルールの確立に向けた意識づくりを学校全体で心がけるようにすべきである。学校では学級担任以外にもさまざまな教職員が一人の子どもに対してかかわりを持つことができる。このような人達による子どもへの声かけや励ましなどの行動連携が一つの空間内でできるところに学校のよさがある。

2．校内・保護者との連携

　小学校では高学年の教師が校内の生徒指導を主として担当する傾向にある。低学年の生徒指導は，子ども達のさまざまな能力の発達を見守るとともにルールが確実に身に付くよう繰り返しの指導が必要になるのでかなり根気がいる。もちろん生徒指導それ自体根気を必要とするものだが，低学年の場合は基本的な生活習慣や道徳性の基礎をしっかり身に付けることがより強く求められるため，素早い対応や迅速な行動が求められる高学年の生徒指導を基準にして低学年の生徒指導を考えると誤解が生じる場合もある。校内の連携を円滑に保つには生徒指導担当者や学年主任が相互理解に努め，子どもの発達の違いによって指導の在り方も異なる点をよく理解しておくことが肝心である。

　幼児期や青年期の子どもに比べ児童期とりわけ小学校低学年の子どもを持つ親の責任は重く，そこに生じる息苦しさや重圧などには計り知れないものがある。加えて，低学年の子どもの保護者は，一般的に，中・高学年の子どもを持つ保護者に比べて子育て経験が浅く，保護者としても未熟で学校の仕組みに対する理解も十分でない場合が多い。時折，学校における子どもの様子や教師の対応に不安や不満を持つ保護者が，次のような文章を連絡帳に書いてくることがある。

> 　○○先生
> 　いつも大変お世話になっています。最近，子どもが朝学校へ行きたくな
> いと言っています。教室がうるさくて集中できないということです。「教
> 室で先生の話をみんな聞いていない」「勉強がわからない」と言うのです
> がどういうことでしょうか？先生は子ども達がふざけていても注意しない
> とのこと。どのような状態で過ごしているのですか？先日の授業参観でも
> 先生は子ども達に注意せず黒板に向かっておられましたね。あれではうち
> の子も勉強ができません。先生はどのようなお考えで子ども達に教えてお
> いでなのですか？今度お伺いしたいと思います。ご都合の良い日をお知ら
> せください。

　このような連絡を受けた場合，まずは同学年の教師や上司に相談しその上
できめの細かい対応をする必要がある。保護者の中には身近に相談する相手
がおらず学校で起きた問題を苦情という形で学級担任に投げかける者もいる
ため，低学年の生徒指導は子ども以上に保護者の対応に多くの時間がとられ
るものである。こういった保護者への対応はまず話を聞くという行為が中心
となる。相談を進めるうちに教師が自分の子どもの良い面を見てくれている
とわかれば保護者は安心感を持つようになり，教師もゆとりを持って保護者
とかかわれるようになる。

　一方で，その訴えや相談が何によるものなのかを十分理解しないと教師の
側にもストレスがたまり（自分の指導力が不足しているからではないかと
自分を責めるなど），今度は教師のメンタルヘルスケアが必要になってくる。
保護者と教師の間に信頼関係ができていれば，学校で子どもと教師の間に意
識のずれが多少生じても，保護者が家庭でフォローしてくれるので大きな問
題に発展することはない。互いにゆとりがない状態では信頼関係は築きにく
いものである。上記の保護者に対しても丁寧に連絡や面談をすれば事態がそ
れほど大きく悪化することはない。

　なお，学校や家庭における子どもの問題は，教師のかかわり方や親の育て
方以外に原因がある場合もある。子どもの発達の障害などの可能性があるこ
とに気づいたら，専門家と連携することで早期の対応が可能となる。このよ

うな低学年の子どもや保護者や教師の実態を踏まえた上で，生徒指導担当者がスクールカウンセラー（SC）などにつないでいけば早い段階で解決の見通しが持てるようになる。生徒指導担当者などによる「つなぐ」活動はチーム学校にとって欠かせないものの一つである。（コラム⑯p.190参照）

3. 地域・関係機関との連携

　最近は子ども会活動やお祭りなどの行事に参加する子どもが減少し地域や地域の大人を意識する機会も少なくなってきた。低学年の子ども達にとっては，登下校の際にお世話になる学校支援ボランティアが最も身近な地域の大人達である。このような地域の人達との日々の連携は低学年の「生徒指導」にとってきわめて大切である。学校外においては，安全のためのきまりや約束を守ること，身の回りの危険に気づくことなどの指導は欠かせない。また，事件や事故などに遭遇したら，近くの大人や保護者に連絡し指示に従うなどの行動がとれるよう指導することが肝心である。

　低学年の「生徒指導」で最も大切なものの一つに基本的な生活習慣の確立がある。これは幼児期に家庭生活の中で行われるべきものである。子どもの教育について一義的な責任を有するのは保護者でありその保護者が営む家庭教育がすべての教育の出発点だからである。とは言え，ひとり親家庭の増加や貧困の問題などにより十分な家庭教育が困難な状況もある。また，子どもの心身に深い傷を残す児童虐待は増加の一途をたどっており児童相談所など関係機関との連携も欠かせない。このため，自治体においては「家庭教育支援チーム」づくりなどの動きが活発化している。ここで活躍が期待されるのは，民生委員・児童委員や主任児童委員，子育て経験者などの地域人材である。より専門的な支援が必要な場合には，スクールカウンセラー（SC）やスクールソーシャルワーカー（SSW）など心理や福祉のプロにつないでいく必要がある。

　家庭とのかかわりが特に必要な低学年の生徒指導においては，地域の人々や特定の機関とだけでなく，学校，家庭，地域，関係機関が互いに連携し子どもを見守る「家庭教育支援チーム」が大切になる。その際，就学後の子どもの情報を把握する上で，学校のプラットフォーム化が求められる。

（1）子どもの喜怒哀楽の感情を受けとめるためには，傾聴が大事である。
　　そのポイントを説明しなさい。

（2）生徒指導と道徳科の指導の違いは何か説明しなさい。

（3）小学校低学年におけるキャリア教育と特別活動の関係について説明し
　　なさい。

（4）保護者を理解する上で教師が心がけるべき点について説明しなさい。

〈参考文献〉

・工藤亘「teachers as professionalsとしてのtap──『指導者』から『支導者（ファシリテーター）』へ」『教育実践学研究』第16号，2012年，p.38

・厚生労働省「『キャリア・パスポート（仮称）構想研究会』報告書──ジョブ・カードの見直しに関するとりまとめ」2014年（2017年10月16日最終確認）
http://www.mhlw.go.jp/file/05-Shingikai-11801000-Shokugyounouryokukaihatsukyoku-Soumuka/0000071745.pdf

・国立教育政策研究所生徒指導研究センター「生徒指導資料　第4集　学校と関係機関等との連携──学校を支える日々の連携」2011年

・中央教育審議会「今後の学校におけるキャリア教育・職業教育の在り方について（答申）」2011年（2017年10月16日最終確認）
http://www.mext.go.jp/component/b_menu/shingi/toushin/__icsFiles/afieldfile/2011/02/01/1301878_1_1.pdf

・日本財団「家庭の経済格差と子どもの認知・非認知能力格差の関係分析」2018年

・文部科学省「児童生徒の問題行動・不登校等生徒指導上の諸課題に関する調査」2018年

・文部科学省「小学校学習指導要領」2017年告示a

・文部科学省「小学校学習指導要領解説　総則編」2017年b

・文部科学省「小学校学習指導要領解説　特別の教科　道徳編」2017年c

・文部科学省「小学校キャリア教育の手引き（改訂版）」2011年

・文部科学省「生徒指導提要」2010年

・文部科学省「幼稚園教育要領」2017年d

・文部省編『中学校・高等学校進路指導の手引　中学校学級担任編（改訂版）』日本進路指導協会，1983年

・林尚示編著『〈教師のための教育学シリーズ9〉特別活動──理論と方法』学文社，2016年

・林尚示・伊藤秀樹編著『〈教師のための教育学シリーズ10〉生徒指導・進路指導──理

論と方法』学文社，2016年

〈より深く学習するための参考文献や資料〉
・増田修治『「いじめ・自殺事件」の深層を考える──岩手県矢巾町『いじめ・自殺』を中心として』本の泉社，2017年
・増田修治『先生！今日の授業楽しかった！──多忙感を吹き飛ばす，マネジメントの視点』日本標準，2015年
・増田修治『「ホンネ」が響き合う教室──どんぐり先生のユーモア詩を通した学級づくり』ミネルヴァ書房，2013年

コラム②　褒めると認める

　教師が子どもを「褒める」ときは，一般的に教師の基準や水準で「褒める」ことが多いのではないだろうか。

　それに対して，子どもが「褒められたい」ときは，一般的に子どもの基準や水準で「褒められたい」のではないだろうか。つまり，子どもは，教師の基準とは異なり，自分なりに頑張ったことを「認めてほしい」のではないだろうか。

　だから，自分がさほど努力をしていないことを，教師から表面的に褒められても，うれしくもなく，励みにもならないだろう。

　反対に，子どもが勉強や学校行事などに取り組む際に，子ども自身の基準で立てた目標や努力する点に向かって，どこまで達成できたのかを，教師がきちんと評価することが「認める」ということではないだろうか。

　特に，子どもが強くこだわった点や見てもらいたいことを認めてあげることは，子どものさらなる意欲に結び付くことだろう。そのためにも，一人ひとりの子どもをきちんと見ることが大切である。

〈参考文献〉

文部科学省国立教育政策研究所「生徒指導リーフNo.18　『自尊感情』？それとも，『自己有用感』？」

http://www.nier.go.jp/shido/leaf/leaf18.pdf　(2018年12月6日最終確認)

コラム③　怒ると叱る

怒ると叱るの差異	
怒る	叱る
自分（教師）のために	相手（児童生徒）のために
感情的に	理性的に
憎しみが沸きおこる	友情（信頼）が芽生える
怒りと勢いで	愛と勇気で
自分の言いたいように	相手に伝わるように
感情にまかせて	試行錯誤しながら（様子を観ながら）
過去に焦点をあてて	未来を見通して

矢野正『生徒指導論』ふくろう出版，2013年，p.59をもとに作成

　教師も人間であり，児童生徒とのかかわりの中でついつい感情に任せて怒ってしまうこともある。しかし，怒られている児童生徒の人格を尊重せずに，一方的に，理由も聴かず，大声で，威圧的に，皆の前で怒られると児童生徒はどんな気持ちになるかを考える必要がある。傷つき，萎縮したり，反抗的・防衛的になったりする可能性もあり，その場しのぎで反省したフリをするかもしれない。児童生徒が怒られている理由や意味を理解し，正しく認識されていないとすれば，それは馬の耳に念仏であり，ネガティブな感情が残るだけである。

　「叱る」には，表の通り「教育的な意味合い」が含まれている。教師の一時的な感情を発散させるためではなく，児童生徒の人間的な成長のために叱り，それによって児童生徒の言動や態度に変容がもたらされなければならない。近接的な考え方に，フィードバック（行動や反応をその結果を参考にして修正し，より適切なものにしていく仕組み）が挙げられる。

　一方で，フィードアタック（感じるままに正論で攻撃すること）という造語があり，「怒る」と似ているが，これらも参考に児童生徒に向き合いたいものである。

コラム④　納豆づくりの観点からみた学級づくり

表　豆腐と納豆の特徴

豆腐	納豆
・見た目が整っていて美しい	・凸凹している
・癖（特性）はない	・におい（特性）がある
・型が決まっている（閉じられた人間関係）	・自在に変形できる（開かれた人間関係）
・食物繊維が少ない（詰まりやすく閉塞的）	・血栓を溶かす（開放的）
・タンパク質を吸収しやすい（知識等を注入しやすい）	・アンチエイジング効果（活性化）
・集団としては統一されている	・互いにつながり合っている（連帯化）
・自ら連結することはない	・混ぜれば混ぜる程，密接になる
・淡白	・粘る（伸び伸び）
・豆（個性）の一粒一粒は潰されて見えない	・豆の一粒一粒が生きている（真の個性化）

新富康央，佐賀県個集研編著『体験活動を生かし個を育てる』黎明書房，2000年，p.8をもとに加筆・修正の上作成

　新富康央（1990）は，個を生かす学級づくりの比喩として，原材料が同じ大豆である豆腐と納豆を対置させ，豆腐づくりではなく納豆づくりの教育の必要性を提言している。

　豆腐は，大豆を磨り潰し，型に入れて成形（統一・閉じられた人間関係）することで真っ白で見た目が美しくなるが，大豆の一粒一粒（個性）は見えなくなり，形が一度崩れると元に戻ったり連結することはない。

　一方の納豆は，発酵した大豆が凸凹にくっつき合い，茶色くにおいもあるために美しいとは言い難いが，豆の一粒一粒が生きていて（真の個性化），自由自在に形を変えること（開かれた人間関係）ができる。またお互いにつながり合って（連帯化）いる上で，混ぜれば混ぜる程，密接になり，活性化の効果もある。

　学級づくりにおいて，豆腐づくりのような教師主導で型にはめ込み，一見スマートに見える学級を目指すのか，それとも納豆づくりのように，子どもの個性を伸び伸びと発揮させながら，時にぶつかり合い，主張と協調，成功と失敗，イザコザと仲直り等を繰り返しながら粘り強く，子どもの生活権・発達権・人権を保証する学級を目指すのか，その答えは言うまでもないと考える。

〈参考文献〉
片岡徳雄編『特別活動論』福村出版，1990年

第**3**章

小学校中学年

第1節　児童理解と学級運営

1．群れなくなった中学年の子ども

（1）中学年の子どもの実態

　次の詩は，小学校4年生が書いたものである。

> 　　日曜日様
> いそがしい！／月曜日はくもん。／火曜日は宿題ばかり。／水曜日は塾。
> ／木曜日は，またくもん。／金曜日はピアノ。／土曜日はバレエ・プー
> ル。／でも，日曜日はなにもなし。／うれしい！／いつも楽しみにしてい
> る。／でも，日曜日が終わると／忙しい一週間が始まる。／つらい…。／
> でも，日曜日のためにがんばろう！

　この詩に見られるように今の小学生の忙しさは大変な状況になっている。
そのため遊ぶときも，「今日，遊べる？」と友達に聞かなければいけない状
況となっている。

　小学校中学年において，「群れる」ということは，心の成長にとって欠か
せないものである。元々人間は，群れをつくって生活することを好む傾向が
ある。このような傾向は，「群居本能」あるいは「群居性」と呼ばれている。
この「群居本能」があるからこそ，集団が成立するのである。小学校中学年
は，その「群居性」をもとに，遊びを中心として群れをつくり，意見のぶつ
かりあいや楽しく過ごす経験を通して，社会性や創造性，協調性を育ててい
く。つまり，子どもにとって「群れて遊ぶ」ということは，「心のごはん」

を食べているとも言えるのである。

　最近は「小4の壁」ということが言われ始めている。小学3年生までは学童保育にいられたが，小学校4年生になったら途端に居場所がなくなるという問題である。多くの学童保育が小学校3年生までとなっているため，4年生になって居場所を求めて塾に通い出す，というケースを，特に都市部で聞くようになった。これは，冒頭で紹介した詩からもよくわかるのではないだろうか。

(2) 細切れの時間を生きる子ども達

　今の中学年の子ども達は，細切れの忙しい生活を送っている。私達大人の世代にあった，「時間を忘れて遊び，夕焼けを眺める」などといった牧歌的状況は，もはや存在しないと言って良いのである。

　絶えず「次は塾」「次はスイミング」などと，時間を気にしていては，遊びに集中できないのがあたり前である。ミヒャエル・エンデの作品に『モモ』という小説があるが，その中に時間泥棒が登場してくる。時間を奪って生活している灰色の輩である。子ども達は，遊ぶ時間やボーッとする時間を奪われているのである。子ども達に，遊び込める時間を保障することは，人間らしく生きていくための必須条件となっている。（コラム⑥p.92参照）。

2．「秘密基地」の必要性
(1)「秘密基地」は，自分達だけの世界

　「秘密基地」が子どもを成長させる大きな可能性を秘めている。そのため，子ども達に「秘密基地」の面白さを話し，つくる子どもが出てきたらいいなと思っていた。すると，ある女の子が，次のような詩を綴ってきた。

　　ひみつ基地　　　　　　　　　　　　　　　　　　　　A子（4年）
城山公園の水の出る所のうらに／ひみつ基地をつくりました。／メンバーは内田さんと尚山さんと田口さん／渡辺さんと佐々木さんと小久保さん／それに尚山さんの妹のさやかちゃんです。／落ち葉がいっぱい落ちている所に／材料の丸い石を8こ集めいすにしました。／ロープと太い木でブラ

ンコを作りました。／ターザン用のロープ／鉄のほうで作ったブランコ／高い所にあるブランコも作りました。／隊長の尚山さんの／「ピーピピピ…」という合図で一列に並びます。／そして隊長が手をあげると／「1, 2…」という合図で一列に並びます。／そして隊長が手をさげると私たちもさげます。／他にも隊長が耳の中に人差し指を入れると，／「うるさい，だまれ！静かにしろ！」／という意味です。／基地の名前は／「ヒーソ，ハーソの森」です。

この詩に見られるように，子ども達だけの時間・空間・仲間を持つと，子どもは変わっていくのである。子ども達は，秘密基地を持つことを通して「自分達だけの世界」を創りだしていく。中学年の子ども達は，秘密基地が大好きな子が多い。それは，居場所と絆を求める行為と言える。

(2) 大人の監視下にある子ども達

今，空き地が少なくなり，子ども達の秘密基地をつくる場所も減少している。昔の住宅地内の区画街路は，子どもが家の玄関先から成長にあわせて行動を広げるときの，基地のような遊びの空間であったが，自動車の増加によって奪われていった。それは，仲間づきあいを発展させていく集団経験の場でもあった。さらに，「ボール遊び禁止」「危ない遊具は撤去」といった形で進行した公園の使用制限が，子どもの孤立化をさらに深めていった。

こうした時代的背景だけでなく，ここ最近とみに増えているのは，「放課後キッズ」「放課後子ども教室」などである。「放課後子ども教室」については，文部科学省と厚生労働省が「子供たちに関わる重大事件の続発など，青少年の問題行動の深刻化や地域や家庭の教育力の低下等の緊急的課題に対応するため，未来の日本を創る心豊かでたくましい子供を社会全体で育むため，『地域子ども教室推進事業』を実施した。具体的には，地域の大人の協力を得て，学校等を活用し，緊急かつ計画的に子供たちの活動拠点（居場所）を確保し，放課後や週末等における様々な体験活動や地域住民との交流活動等を支援するものです」としている[1]。

どちらにしても，常に大人がそばにいるため，子ども達自身で問題を解決

していくなどの社会性が育たない危険性に注意が必要であろう。

3. 遊び場（居場所）の確保と学級経営

　このような中で注目したいのが，東京都千代田区で2013年4月から施行された「子どもの遊び場に関する基本条例」である。その条例の最初に，次のようなことが書かれている。

　「［前略］子どもが外遊びをするためには，『時間』『空間』『仲間』という三つの『間』が必要と言われている。しかし，今の子どもたちは，塾や習い事などで忙しく，また，室内でゲームなどをして過ごすことが多いことから，昔に比べて外で遊ぶ時間が少なくなっている。一方，都市化の進展により，空き地や原っぱが失われ，公園や広場では他の利用者にも配慮して制約が多いこともあり，子どもたちが自由に遊べる空間が少ないという現状がある。さらには，少子化の進行により兄弟姉妹や近所に住む子どもが減少し，外遊びの仲間づくりが難しくなってきている。かつては，広く社会に『子どもは外で遊んで学び，育つもの』という認識があり，子どもたちは，外遊びを通して人間関係や社会規範などを学び，体力や運動能力も自然と身に付けてきた。いつの時代の子どもたちにも，外遊びは欠かせないものである。千代田区は，区を構成する全ての人々が連携・協力し，将来を担う子どもたちが，外遊びを通して健やかにたくましく育つことのできる社会を築くため，この条例を制定する」[2]。

　こうした行政の側からの環境整備と同時に，学級の中に文化活動などを組織していくことが必要である。例えば，子どもの願いの実現保障のために，「コマクラブ」「つりクラブ」「秘密基地クラブ」などの学級内クラブを，子ども達の願いや要求をもとに学級の承認を得てつくっていくという活動がある。こうした取り組みは，子どもの自己有用感を高めていく。学級経営の中には，そうした自治的・文化的活動をいかに子ども達の力で創りだせるようにしていくのかも含まれるのである。

第2節　学習指導における生徒指導

1．自分を値踏みしている子ども達

　中学年の学習は，抽象的な思考が必要になるため，学習内容が格段に難しくなる。そのため，子ども達の学力差が広がっていってしまいがちである。子どもが書いた次の作文を読んでみてほしい。

　　「人間に生まれてきてよかった」　　　　　　　　　　　　　K子（小4）

　すごくうれしかったことが，今日ありました。それは，体育の時，私はとび箱がとべませんでした。先生に教えてもらって，少しとべるようになりました。さいごにみんな一人ずつとぶ時，（勉強もろくにできないし，体育もダメだし，どうして私なんかが人間に生まれてきちゃったのかなぁ〜）と思っていました。

　でも，私がとぶ時「がんばってね！」とか言われてとってもうれしかったです。1回目，おしりがとび箱にかすってしまったのでダメでした。だから，もう1回やりました。そしたら，なんとかとべました。みんなが拍手をしてくれて，とってもうれしかったです。

　人間に生まれてきてよかったです。

　ここには，「できる・できない」「成績が上か下か」という価値観で自分を値踏みしている姿が見られる。子ども達の中に，「勉強や運動ができない人間の価値は低い」という価値観が広がっていることがよくわかる。

　しかしながら，とび箱がとべるようになったことによって，自分の存在価値を取り戻している。そして，「自分もまんざらでもないな！」と思うことができている。子どもに「できた，わかった！」という経験をさせていくことが大事なポイントであることがわかるのではないだろうか。

2．生活を通して能動的な子どもに

　今は，生活そのものが子どもを教育するという力が弱くなっている。しかし，子どもが生活の主体者として生きていくことは，大事なことである。

69

例えば，次の作文は「夏休みになってできたこと・できるようになったこと」という3年生の文集の中のものである。

　　「カレーライスを作ったこと」　　　　　　　　　　　　　　Y男（小3）
　ぼくは，夕ごはんを一人で作りました。こん立ては，カレーライス・しじみのみそしる・フルーツヨーグルトです。
　お米とぎ，買い物も自分でしました。玉ねぎを切る時は，目にしみるので，ゴーグルをしながらやりました。大変だったけど，お父さんとお母さんに，「おいしい！」と言われたので，うれしかったです。

　Y男は，自分だけの力で夕食をつくり，それを両親が喜んでくれることで，自分への自信を確かなものにしている。その他には，「泳げるようになったこと」，「米とぎができるようになったこと」，「一人でおばあちゃんの家に行けたこと」などと書いていた。
　ここには，子どもが自力で脱皮し前進する姿が見られる。人間が自立し，一人の人格を確立していくとは，こうした自力を出し切ること，自分の中に存在する自己変革の可能性を自らが信じることから始まるのである。教育とは，そうしたことを内と外とで実証していく営みであると言えるのではないだろうか。しなしながら，「この夏休みにできたこと」は，どちらかと言うと偶然にできたことが多い。教育とは，その偶然をきっかけとしながら，必然に変えていく営みでなくてはならない。そこで，9月には，「勉強」「運動」「生活」の中から一つを選び，意識して取り組んだ。その中の作文を一つだけ紹介したい。

　　「国語で意識してがんばったこと」　　　　　　　　　　　　M子（小3）
　私は国語の勉強があまりよくわからなかったので，意識してやってみました。国語の勉強の時は，先生とみんなの意見をきいているだけなので，今度は自分でも意見をたくさん言えるように国語の本を一人で読んで，毎日一人で意見を考えました。自分一人では大変だけど，意見をたくさん出していきたいと思ったからです。まちがえてもいいから意見をたくさん出したら，国語の勉強がだんだん好きになり，国語の本読みも毎日読んでい

たので少しずつ良くなりました。

　最初はとてもむずかしかったけど，本読みをしたりしたので，きらい
だった国語も好きになれたので，うれしかったです。漢字の方は好きなの
で，1ページずつやればできると思います。

　他にも，さまざまなことに取り組んでいた。そこには，自分のできなかっ
たことや苦手なことに自ら取り組み，自分の力で乗り越えていこうとする生
き生きした姿が見られる。自分の可能性を信じられ，その手立てがわかった
とき，子どもは自分から行動していくようになるのである。

3．子どもの生活認識から授業を構想する

　今の子ども達の学びの課題として，「学びが役立っているという実感が低
い」という指摘がある[3]。中学年の抽象的概念を理解していくためには，子
ども達に「学びの有用感」を感じさせることと，子ども達が持っている「生
活概念」を，「学問の成果を踏まえた論理的な概念」に変化させていくこと
が重要なポイントである。

　小学校4年生の理科に「もののあたたまり方」という単元があり，その学
習内容の一つに「金ぞく，水，空気のあたたまり方」というものがある。

　その授業において，子ども達に図3-1のような問題を出した。

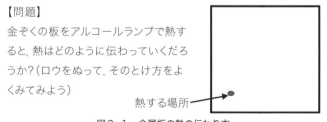

【問題】
金ぞくの板をアルコールランプで熱す
ると，熱はどのように伝わっていくだろ
うか？（ロウをぬって，そのとけ方をよ
くみてみよう）

熱する場所

図3-1　金属板の熱の伝わり方

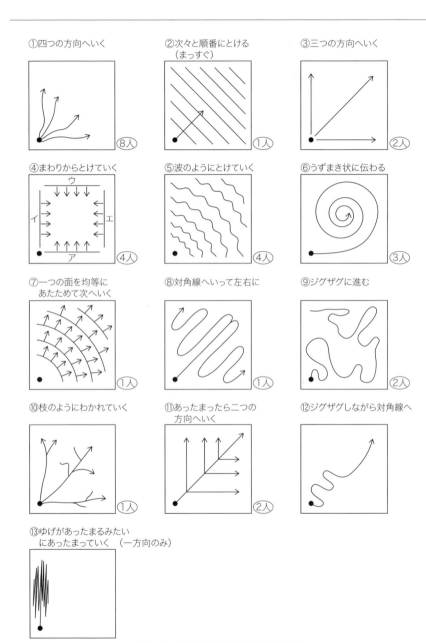

①四つの方向へいく

②次々と順番にとける（まっすぐ）

③三つの方向へいく

④まわりからとけていく

⑤波のようにとけていく

⑥うずまき状に伝わる

⑦一つの面を均等にあたためて次へいく

⑧対角線へいって左右に

⑨ジグザグに進む

⑩枝のようにわかれていく

⑪あったまったら二つの方向へいく

⑫ジグザグしながら対角線へ

⑬ゆげがあったまるみたいにあったまっていく（一方向のみ）

図3-2　子ども達の考えた熱の伝わり方

　④を考えた子からは,「やかんやなべなどで水をわかすとき,まわりからグツグツとふっとうするでしょう。だから,まわりからとけていくと思ったんだ」との発言があった。子ども達は13の考え方をじっと見つめて,自由に意見を出し合っていた。その後実験をしていったところ,熱したところを中心に同心円の形で熱が伝わっていった。つまり,近くから遠くへ熱が伝わっていくという原則を理解していった。その結果,「生活概念」が「科学的な概念」へと変化していったのである。このように,「生活概念」をもとにした考え方をたくさん出し合い,自由に言い合える関係性をつくっていくことが大切なのである。

　こうした「生活概念から科学的概念への変化」を促していく。これが,「学習指導における生徒指導」と言えるのではないだろうか。(コラム⑥p.92参照)

第3節　道徳教育と生徒指導

　第2章第3節で示した通り,道徳教育は全教育活動を通じて行われるものである。その道徳教育と年間35時間(小学校第1学年は34時間)以上行われる道徳科の関係については,2017年改訂の「小学校学習指導要領」第1章 総則の第1の2の (2) において,次のように示されている。

> 　学校における道徳教育は,特別の教科である道徳(以下「道徳科」という。)を要として学校の教育活動全体を通じて行うものであり,道徳科はもとより,各教科,外国語活動,総合的な学習の時間及び特別活動のそれぞれの特質に応じて,児童の発達の段階を考慮して,適切に指導を行うこと。

1．全教育活動を通じて行う道徳教育の要としての道徳科

　学校における道徳教育は,学校の教育活動全体を通じて行うものであるが,その要となるのが道徳科の授業である。「要」とは,扇の要のように道徳教育の要所を押さえて中心で留めるような役割であり,「小学校学習指導要領解説　特別の教科　道徳編」第4章第3節 指導の配慮事項の2の (2) では,学校の教育活動全体を通じて行う道徳教育の要としての道徳科の役割が示さ

れている。この道徳科の役割は，「補充，深化，統合」という言葉で示すことができる。

　児童は，道徳科に限らず，学校のさまざまな教育活動の中でも，多様な道徳的価値について感じたり，考えたりしている。しかし，各教科等においては固有の目標やねらいがあるため，道徳科の22の内容項目すべてについて考える機会があるとは限らない。例えば，内容項目の一つである〔規則の尊重〕については，どの学年においても，体育や特別活動，給食の時間，登下校等，道徳科以外でも指導できる機会は複数考えられる。一方，〔家族愛，家庭生活の充実〕については，低学年の生活科や高学年の家庭科等に限られ，道徳科以外での指導の機会は前者に比べると少ない。道徳科は，このように学校のさまざまな教育活動において考える機会を得られにくい道徳的価値などについて補う「補充」という役割がある。

　また，児童は，各教科等において，それぞれの特質に応じて道徳性を養うための学習を行っているが，その中では道徳的価値の意義などについて必ずしもじっくりと考え，深めることができているとは限らない。例えば，児童が奉仕活動で学校の草取りや石拾いをした。作業を終え，きれいになった校庭を見ると，多くの児童は大変だったけれどもがんばった甲斐があったと感じる。しかし，その中には，こんな大変な作業は二度とやらないと強く思う児童もいるかもしれない。このような児童をそのままにしておいたら，大人になっても奉仕作業にはかかわらない人になるかもしれない。しかし，道徳科で〔勤労，公共の精神〕等をねらいとした授業を行い，少しでも奉仕活動の意義を見いだすことができたならば，また，次の機会には意欲を持って行おうとするかもしれない。道徳科では，このように道徳的価値の意義やそれと自己とのかかわりについていっそう考えを深める「深化」という役割もある。

　さらに，各教科等における道徳教育の中で多様な体験をしていたとしても，それぞれが持つ道徳的価値の相互の関連や，自己とのかかわりにおいて全体的なつながりなどについて考えないまま過ごしてしまうことも多い。例えば，学校のさまざまな教育活動では複数の道徳的価値が絡み合って行われている中で，道徳科の授業でそれらの活動を想起し，〔希望と勇気，努力と強い意志〕等共通する道徳的価値について考え，その価値の意義を見いだし，今後の活

動に生かしていくこともできる。道徳科では，道徳的価値にかかわる諸事象を捉え直したり発展させたりして，児童の新たな感じ方や考え方を生み出すという「統合」としての役割も担っている。

　このようなことを児童の立場から見ると，道徳科は，各教科，外国語活動，総合的な学習の時間及び特別活動などで学習した道徳的諸価値を，全体にわたって自己の生き方という視点から捉え直し，それらを発展させていこうとする時間ということになる。そして，道徳教育及び道徳科の目標である，よりよく生きるための基盤となる道徳性は，徐々に，しかも，着実に養われることによって，潜在的，持続的な作用を行為や人格に及ぼすものであるだけに，長期的展望と綿密な計画に基づいた丹念な指導が必要で，道徳科を要とした全教育活動を通じて行う道徳教育を意図的・計画的に展開し，道徳的実践につなげていくことができるようにすることが求められている。

２．道徳教育としての生徒指導

　「道徳教育」と「生徒指導」は，第２章第３節で前述した通り，教育課程と教育機能という性質の違いがあり，また，生徒指導は，子ども達の日常生活の問題行動等に対して直接指導することが一般的に多いことから，道徳性を養うために，その内面的資質である道徳的な判断力，心情，実践意欲と態度を育てる「道徳科」とも性質は異なる。しかし，生徒指導は，全教育活動を通じて行う道徳教育としての枠組みの中での指導と捉えることができる。特に，道徳科の授業では，こうしなさい，これはいけませんなどと行為そのものを直接指導するものではなく，その行為を支える心を育てるものであることから，道徳科の授業のみで道徳的行為が実践できる児童を育成しようとしても容易にできることではない。そこで，生徒指導の機能が重要であり，「人の物をとってはいけません」，「友達とは仲良くしましょう」などと直接指導することと合わせて，道徳科を要としながら全教育活動を通じて行う道徳教育として指導していくことが重要である。

３．小学校中学年の指導内容の重点化

　小学校中学年における道徳教育の内容については，低学年と同様に，「Ａ

主として自分自身に関すること」,「B 主として人との関わりに関すること」,「C 主として集団や社会との関わりに関すること」,「D 主として生命や自然,崇高なものとの関わりに関すること」の四つの視点にまとめられており,A〔善悪の判断,自律,自由と責任〕他四つ,B〔親切,思いやり〕他四つ,C〔規則の尊重〕他六つ,D〔生命の尊さ〕他二つの合計20の内容項目について指導することとしている。

　このように,全教育活動を通じて行う道徳教育で指導する内容は多岐にわたっている中で,特に,小学校中学年という発達の段階においては,小学校の各学年を通じて配慮することを踏まえ,特に,善悪を判断し,正しいと判断したことを行うこと,身近な人々と協力し助け合うこと,集団や社会のきまりを守ることに配慮して指導に当たることが求められる。

　一般に,この段階の児童は,学校生活に慣れ,行動範囲や人間関係が広がり活動的になる。他方,社会的認識能力をはじめ思考力が発達し,視野が拡大するとともに,内省する心も育ってくると言われる。低学年の重点を踏まえた指導の充実を基本として,特に身近な人々と協力し助け合うこと,さらには集団や社会のきまりを守ることについて理解し,自ら判断できる力を育てることへの配慮が求められる。

4．小学校中学年に対する指導の在り方

　小学校中学年という発達の段階を踏まえると,低学年と同様により具体的な生活場面において,善悪の判断やしてはならないことをしないようにすること,きまりを守ったり,規則正しい生活をしたりすることなど,これまで以上に人とのかかわりや集団,社会とのかかわりを意識させて指導することが大切である。そして,道徳科の授業では,その内容項目を,道徳的価値の理解に基づく授業として,人間としてよりよく生きる上で大切なことであると理解したり（価値理解），道徳的価値は大切であってもなかなか実現することができない人間の弱さなどを理解したり（人間理解），道徳的価値を実現したり,実現できなかったりする場合の感じ方,考え方は一つではない。多様であるということを前提として理解したり（他者理解）することを通して自己を見つめ,自己の生き方について考えを深めていけるようにする,つ

まり，生徒指導のようなスタンスで道徳教育の充実を図り，「生徒支導」のようなスタンスで道徳科の授業を行うことが大切である。そして，内容項目の一つである〔規則の尊重〕を例に挙げるならば，「きまりは，どうして守らなくてはいけないのですか」と問えば，「いけないから，叱られるから」ではなく，「みんなが気持ちよく生活ができるようにするため」などと，集団や社会を意識して答えられる児童を育成することが好ましいと考えられる。（コラム⑦p.94参照）

第4節　キャリア教育と特別活動

1．はじめに

　小学校中学年のキャリア発達課題は「①友だちと協力して活動する中でかかわりを深める。②自分の持ち味を発揮し，役割を自覚する」（文部科学省，2011b：20）である。そして，特別活動では小学校低学年から続く「学級活動」「児童会活動」「学校行事」に加え，主として第4学年以上から「クラブ活動」が実施される。なお，「児童会活動」については，高学年の児童がリーダーシップを発揮して学校生活全般に関する自治的な集団活動を行う。全校児童集会等のように全児童で活動する場面と，委員会活動等のように役割を同じくする異年齢集団の児童で活動する場面に分けることができる。中学年は主として全校児童集会等のように全児童で活動する場面での児童会活動がある。

2．小学校中学年のキャリア教育と特別活動の関係
（1）小学校中学年のキャリア教育

　小学校中学年のキャリア発達課題に基づいて，「発達課題を踏まえたねらい」が設定されている。「①友だちと協力して活動する中でかかわりを深める」というキャリア発達課題は，教育の目的である「社会の形成者」と「社会参画意識」につながる。「②自分の持ち味を発揮し，役割を自覚する」というキャリア発達課題は，教師が児童へ認知行動的な動機づけの介入を行うことによる「自己変容」につながる。大きくは社会的資質と個人的資質の両面を育成しようとしているように見える。

このキャリア発達課題に向かった指導の記録として「キャリア・パスポート」が活用できる。キャリア・パスポートとはキャリア教育用のポートフォリオのことである。具体的な形式は現在検討が進んでおり，オハイオ州「キャリア・パスポート」の事例が参考にされることもある。オハイオ州のキャリア・パスポートは図3-3のようなバインダー形のものである。

図3-3　オハイオ州「キャリア・パスポート」

出典：Coshocton Country Career Center，http://www.coshoctoncareers.org/CareerPassport.aspx

小学校中学年のキャリア教育も中学校以降の進学，就職，その後の生活を考えさせる「進路指導」の基礎を形成するものである。キャリア教育では，小学校中学年の全教育活動を通して実践するための「発達課題を踏まえたねらい」がある。それらは表3-1の通りである。

(2) 小学校中学年の特別活動

小学校中学年の特別活動は，「学級活動」，「児童会活動」，「クラブ活動」，「学校行事」で構成されている。低学年との違いはクラブ活動が開始されることである。クラブ活動は，同好の異年齢の児童が共通の興味・関心を追求する活動であり，児童が計画を立てて役割分担し，協力して楽しく活動することに特徴がある。

表3-1　小学校中学年の「発達課題を踏まえたねらい」

番号	キャリア発達課題	発達課題を踏まえたねらい
1	友達と協力して活動する中でかかわりを深める。	自分の生活を支えている人に感謝する。 友達の気持ちや考えを理解しようとする。 友達と協力して学習や活動に取り組む。 働くことの楽しさが分かる。 してはいけないことが分かり自制する。
2	自分の持ち味を発揮し，役割を自覚する。	自分のよいところを見付ける。 友だちのよいところを認め励まし合う。 自分の意見や気持ちを分かりやすく表現する。 いろいろな職業や生き方があることが分かる。 係や当番活動に積極的にかかわる。 互いの役割や役割分担の必要性が分かる。 将来の夢や希望をもつ。 計画づくりの必要性に気付き，作業の手順が分かる。 自分の仕事に対して責任を感じ，最後までやり通そうとする。

(文部科学省，2011b:128-129)

　「社会の形成者」として「社会参画意識」を育成するために，クラブ活動の「共通の興味・関心を追求する」こと，「児童が計画を立て役割分担する」こと，「協力して楽しく活動する」ことなどは最適な活動である。クラブ活動は中学校や高等学校では地域での活動などにつながり，大学生や社会人となった際にはサークルや同好会等，同好の者による自主的な団体における活動につながるものである。(中央教育審議会，2016:104)

　そのため，クラブ活動を中学校以降の「進路指導」につながる機能として捉えれば，啓発的経験を通じて，児童自ら，将来の生活によりよく適応し，進歩する能力を伸長する機会となる。したがって，小学校の教師もクラブ活動を組織的，継続的に援助する過程という見方で指導し，児童の「自己変容」の過程を把握できるとよい。

　その際の記録としてポートフォリオ形式の「キャリア・パスポート」を活用できる。全国共通の「キャリア・パスポート」は現在まだ整備されていないものの，キャリア教育で育成する基礎的・汎用的能力は記録に残したい。具体的には，キャリア教育の「人間関係形成・社会形成能力」は，クラブ活動における同好の異年齢の児童の活動で育成が図れる。「自己理解・自己管

理能力」は，児童が役割分担をする際の指導で育成を目指したい。「課題対応能力」は，協力して楽しく活動する中で生じるトラブル対応の際に指導をしたい。「キャリアプランニング能力」の育成については，児童が計画を立てる際の指導で半年先や1年先を見据えたものとしたい。図にすると図3-4のようになる。

キャリア教育「人間関係形成・社会形成能力」
・クラブ活動の同好の異年齢の児童の活動の指導

キャリア教育「自己理解・自己管理能力」
・クラブ活動の児童が役割分担をする際の指導

キャリア教育「課題対応能力」
・クラブ活動の協力して楽しく活動の中で生じるトラブル対応の指導

キャリア教育「キャリアプランニング能力」
・クラブ活動の児童が計画を立てる際の半年先や1年先を見据えた指導

図3-4　キャリア教育と小学校特別活動（クラブ活動）の指導

（林尚示，作成）

小学校中学年から開始される「クラブ活動」を例として小学校中学年でのキャリア教育機能を生かした教師の指導について検討したが，「学級活動」「児童会活動」「学校行事」についても考え方は応用できる。

3. 小学校中学年のキャリア教育と特別活動のまとめ

本節では，小学校中学年から開始されるクラブ活動を事例としてキャリア教育との関連を論じた。実社会は異年齢で構成されているが，学校教育は原則として同年齢の集団で実施される。クラブを異年齢の児童が集まって活動する集団である社会と捉えた場合，クラブ活動は「社会の形成者」として「社会参画意識」などの指導に適した活動であることがわかる。

第5節　特別支援教育と生徒指導

　就学後の小学校低学年では，支援を必要とする子ども達は，適応力に課題を抱えている場合が多く見られることから「安心できる居場所づくり」「集団への帰属意識」を慎重に育てる必要がある。

　次の小学校中学年では，学習も少しずつ抽象的になり，交友関係も活発になり，集団の機能も向上する。授業では，板書は構造化され，写すことが苦手な子どもは板書の書き写しに相当の時間を必要とすることになる。教師の話だけでは理解が難しく，視覚的な支援を必要とする子どももいる。因果関係を理解して，話をすることが苦手な子どももいる。交友関係では，友達の言葉や行動に感覚的に反応してしまい，暴力的な言葉が出てしまう子どももいる。集団適応に苦戦してしまう子どももいる。この時期の支援を必要とする子ども達にとって必要なことはそうならざるを得ない自分の「自己理解」である。上述の例にある場面で，自分は何が苦手で，何が得意で，苦手なことは誰にどのようにして頼むかを知ることである。また，友人関係などでどのような対応をすれば良いのか等の「ソーシャルスキル」を身に付けることも必要である。

　図3-5に「特別支援教育と生徒指導」の就学前から高等学校卒業後までの全体的流れを示す。

　小学校中学年を考えるときに重要となる二つのキーワードを説明する。

1.「自己理解」について

　小学校中学年になると学習が抽象的になり，集団行動の求められる質も高まるとだんだん不適応の状態が多くなり，注意される場面も増えてくると自信がなくなったり，自己評価が低くなったり，周囲へ反抗したり，問題行動を起こしたり等の二次障害へ発展するケースが多くなる。この時期に必要なことは，「ぼくにはどうしても先生の話だけではわからない」とか「ぼくは急いでいるつもりだけど板書を写していると，どんどん遅れてしまう」,「ちゃんとやろうと思うけど他のことが気になって」という自分の困り感を知るこ

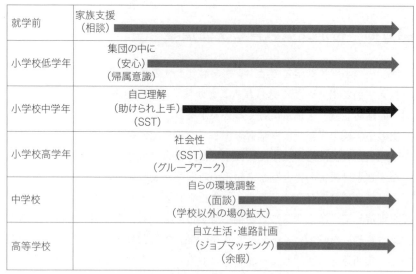

就学前	家族支援 （相談）
小学校低学年	集団の中に （安心） （帰属意識）
小学校中学年	自己理解 （助けられ上手） （SST）
小学校高学年	社会性 （SST） （グループワーク）
中学校	自らの環境調整 （面談） （学校以外の場の拡大）
高等学校	自立生活・進路計画 （ジョブマッチング） （余暇）

図3-5　「特別支援教育と生徒指導」の一貫性とキーワード

（安藤正紀，作成）

とであり，これが「自己理解」である。クラスメイトの一人ひとりは何が苦手なのか得意なのかを学級全体で共有し，認め合う学級経営が求められる。

2．「ソーシャルスキルトレーニング」について

　障害のあるなしにかかわらず，ソーシャルスキルトレーニングの必要性が多くの学校で高まっている。すべての子ども達が地域や家庭や学校で自然に学んできたことであって，学級の自治の土台となることである。「教室・家庭でいますぐ使えるSST　たのしく学べる特別支援教育実践101」では次のように整理している。

　○自己認知スキル　①五感やボディイメージを高める
　　　　　　　　　　②自分や家族を紹介する。自分を知る
　○コミュニケーション　①コミュニケーション態度を育てる
　　　　　　　　　　　②会話を続ける。やりとりの流暢さ
　　　　　　　　　　　③ノンバーバルコミュニケーション

　　　　　　　　④相手の状況や気持ちの理解

○社会的行動　　①集団参加

　　　　　　　　②ルールの理解，集団参加における気持ちのコントロール

　　　　　　　　③提案，助言，協力，共感，主張

○スタディスキル　①流れに沿った行動

　　　　　　　　②整理整頓，持ち物管理，身辺整理

　　　　　　　　③感情のコントロール他

　　　　　　　　④授業参加

　上記に加え，身体の清潔や身だしなみ等の日常生活スキルも必要である。

　ソーシャルスキルトレーニングとは必然性の中で学習するものである。発達障害の子どもの支導場面は，なおさら必然性が求められる。朝の会，休み時間，給食，登下校，学校行事等の特別活動場面等に意図的に設定し，スモールステップでの指導計画が必要である。通常の学級に在籍する発達障害児にも個別の指導計画を作成することが「学習指導要領」で定められている。

3．「インクルーシブ教育」

　文部科学省は，「共生社会の形成に向けたインクルーシブ教育システム構築のための特別支援教育の推進（報告）」の中で，「インクルーシブ教育システムにおいては，同じ場で共に学ぶことを追求するとともに，個別の教育的ニーズのある幼児児童生徒に対して，自立と社会参加を見据えて，その時点で教育的ニーズに最も的確に応える指導を提供できる，多様で柔軟な仕組みを整備することが重要である。小・中学校における通常の学級，通級による指導，特別支援学級，特別支援学校といった連続性のある『多様な学びの場』を用意しておくことが必要である」と述べている。

　そして，その実現には以下の三つの考え方に基づき，特別支援教育を発展させていくことが必要だとしている。

　①障害のある子どもが，その能力や可能性を最大限に伸ばし，自立し社会参加することができるよう，医療，保健，福祉，労働等との連携を強化し，社会全体のさまざまな機能を活用して，十分な教育が受けられるよう，障害

のある子どもの教育の充実を図ることが重要である。

②障害のある子どもが，地域社会の中で積極的に活動し，その一員として豊かに生きることができるよう，地域の同世代の子どもや人々の交流等を通して，地域での生活基盤を形成することが求められている。このため，可能な限り共に学ぶことができるよう配慮することが重要である。

③特別支援教育に関連して，障害者理解を推進することにより，周囲の人々が，障害のある人や子どもと共に学び合い生きる中で，公平性を確保しつつ社会の構成員としての基礎を作っていくことが重要である。次代を担う子どもに対し，学校において，これを率先して進めていくことは，インクルーシブな社会の構築につながる。

第6節　校内・保護者・地域・関係機関との連携と生徒指導

1．中学年の子どもと生徒指導

　低学年の頃に体が弱かった子どもであっても3年生くらいになると健康で丈夫になり学校を休まなくなる。全体的に生き生きとして扱いやすく教えやすいため一般的にこの学年を経験の浅い教師に受け持たせる傾向にある。気を付けなければならないのは，高学年になって成績が落ちたり勉強が嫌いになったりする子どもはこの学年でつまずいている場合が多いという点である。低学年の授業に比べ中学年は学習内容も難しく進度も早くなるのでついていけない子どもが出てくる。このようなことから，初任の教師に中学年を持たせるときは，子どもの変化を見落とさないよう配慮させるなど教師に対する指導にもきめの細かさが必要である。教えやすいといってもそれはあくまで知的な面であって情緒的な面は他学年よりもむしろ扱いが難しい。

　例えば，盗癖のある子どもは3年生の頃から始まる場合が多い。この時期は物に対する欲望が強くなり何か欲しくなると我慢がきかなくなる。はじめて盗みをして見つからなかったり，見つかっても適切な指導を受けなかったりするとそれがきっかけで盗み癖が付くようになる。このような点からも3年生は生徒指導において特に配慮の必要な学年である。

　子ども達の快活さは行動面が「外向的」となって表れる。低学年の頃は近

所の公園などで遊んでいた子どもが中学年になると急に遠出をするようになり親を心配させることが出てくる。また，キャラクターグッズなどを集めることに関心を寄せる子どもも出てくる。こういった行動にも外向的になってきた子どもの一面が見られる。この時期には注意や制止だけでなく興味や関心の広がりを認め伸ばす指導が求められる。

低学年の子ども達は自己中心性を抜け出し社会性が見られるようになるが協力というレベルまでには至っておらず，特に3年生では全体のために自分を抑えるなどということはあまりできない。「全体」や「協力」などについて説いても伝わらない。わかるようになるのは4年生に入ってからで，3年生ではむしろ，勇気や気合いといった点を強調したほうが伝わりやすく大切である。このような傾向を十分に踏まえ人物や図書の紹介をすると子ども達は関心を持って受け入れやすくなる。4年生では勧善懲悪などを題材にしたアニメや物語などが好まれ，協力し合って楽しい学級をつくるといった意味もわかるようになってくる。

2．校内・保護者との連携

ある4年生の担任から聞いた話である。保護者会で『わが子を活かす一言・潰す一言』（鈴木博，祥伝社，1986年）という本を紹介した。副題には「子どもの将来は母親の言葉で決まる」とある。

A君の両親は学校から少し離れたところで小さな食堂を営んでいる。母親はとても明るく教育熱心だが，やや口うるさいのが玉に瑕。その母親が早速この本を買ってきて夜になると読んでいる，とA君がうれしそうに話してくれた。しばらくして，A君は日記帳に次のような文を書いてきた。

> 先生，ぼくのお母さんは，先生がいい本だと言った『わが子を活かす一言・潰す一言』という本を買ってきて読みました。読んでいるときは，これまで怒りすぎたと反省していました。でも，今は，また前と同じでぼくのことを怒ってばかりいます。先生！もっといい本があったら教えてください。お母さんは「本のとおりにはいかない。子どもが子どもだから」と言っています。

その担任は日記を読みながら吹き出してしまった。A君の文章の脇に「それはないよね。でも君のことを思っているからそういう言葉が出てしまうんじゃないのかな」と書き添えたそうだ。今にして思えば励ますべきはA君よりむしろ母親のほうであったのかもしれないと担任は言う。

> 　これだけ素直な文が書けるお子さんを持ってあなたは幸せですね。もっと子育てに自信を持たれたらどうですか。お子さんの欲しがっている本はすでにあなたのご家庭の中にあるではありませんか。『大好きなお母さん』という題名の本が。

　低学年では，子どもの話だけでは真意が伝わらない場合もあるので，電話や連絡帳などで保護者と教師は連絡を取り合うが，中学年になるとそれらに加えて，子どもの書く日記や作文などを通して保護者と教師の距離を縮めることが可能になる。一方で，子どもが親や教師の批判をするようになるのもこの頃からで，子どもの考え方を子どもの文章を通して保護者と教師が共有することは，中学年の生徒指導においてきわめて大切である。先のA君親子と教師の関係などはうまくいっている例であろう。高学年になると，さらに教師の書く学級だよりを通して子どもや保護者との相互理解を深めることが生徒指導上きわめて有効になる。

　低学年の頃に比べ，ある程度余裕を持って保護者は子どもを見守れるようになるが安心や放任は禁物である。学力遅滞や問題行動に結び付くような兆候が子どもに見られたらすぐ担任に相談をすることが肝心である。その際，担任は一人で判断をせずに同学年の教師や養護教諭などに連絡しアドバイスをもらうようにすると適切な対応をとることができる。

　低学年から中学年にかけての子どもが起こす問題行動は，保護者や担任に対して「自分をもっとよく見てほしい」というメッセージである場合が多い。校内や保護者の連携は，中学年の生徒指導においてことのほか重要である。問題行動をよく起こす子どもの多くは家に帰ってもひとりぼっちで，あるいは誰からも相手にされていないケースが見受けられる。寂しさから解放されるために問題行動を起こしている子どももいる。乱暴な子どもより目立たずよい子に見える子どもほどストレスを抱えていたり陰湿な行動をとった

りする場合がある。4年生からはクラブ活動も始まる。問題行動の早期発見
は，チーム学校下における教師の行動連携なくして実現できない。

3．地域・関係機関との連携

　中学年の子ども達は低学年と異なり徒党を組んで活動するようになる。仲
間意識も強くなりグループ内におけるルールや責任といった意識も働いてく
る。学校外での遊びも活発化してくる。仲間はずれやいじめなどによる不登
校とともに，おごったりおごられたりといったお金を伴う問題が出てくるの
もこの頃からである。さまざまな事情で家庭に居場所がなくなった子ども達
は，中学年の頃から夜遅くまで不良交遊をする危険性が出てくる。そこに集
まってくる子ども達の多くは同じような境遇で育っており，喫煙や飲酒，万
引きや自転車盗などに発展していく場合もある。それだけに見守りや声かけ
などによる地域の大人達の協力は欠かせず，教師も地域社会の一員として子
どもの居場所づくりにかかわっていくことが期待される。

　①子どもの登下校の様子から変化に気づきそれを学校に知らせて登校しぶ
りの解消につながったケース。②校区内の住民会議やPTA役員会，学校評
議員会などの折に，校外における子どもの問題行動や児童虐待が疑われる家
庭の情報が得られ，未然防止に役立てられたというケース。これらは，中学
年から高学年にかけての生徒指導において，地域・関係機関との連携がいか
に大切かをよく物語っている。地域によっては子ども会やクラブチームなど
青少年の健全育成にかかる団体が数多く存在し多彩な活動をしている。一方
でコミュニケーションの希薄な地域も増加の傾向にあるため，地域の大人が
さまざまな角度や視点から子ども達を見守ってくれるのはありがたいことで
ある。

　子ども達の問題行動にかかる関係機関との連携については発生予防と発生
後の対応に大きく分けられる。中学年では主に発生の予防が中心で，家庭生
活や学校生活に関してであれば教育相談センターや教育相談所，児童相談セ
ンター，警察などが窓口となる。このような機関の多くは電話による相談も
実施しており，学校から保護者に対してこのような窓口を紹介することも必
要である。

また，地域における非行防止ネットワークや住民会議などは組織として機能を発揮してくれる。暴力行為などの発生件数が多くなるのも中学年からで，このような機関や組織への相談が大切である。不登校になった子どもへの学校復帰を支援する施設としては，教育支援センター（適応指導教室）のような公的機関のほかにNPOや民間施設があるが，いずれにせよ早めの相談が事態の深刻化を防ぐことにかわりはない。

　なお，放課後子ども教室や学童保育などの関係者から家庭や子どもの情報を得られる場合もあるので，日頃からさまざまな機関や団体の関係者と連絡を取り合えるプラットフォームとして整備しておくことが学校には求められる。

学習課題

（1）子ども達だけの空間を持つことが，どのように中学年の子どもの人格形成に役立つのかを調べ，説明しなさい。

（2）道徳教育の要としての道徳科の働きとは何か説明しなさい。

（3）クラブ活動でキャリア教育の基礎的・汎用的能力の育成状況を記録するための観点を説明しなさい。

（4）「インクルーシブ教育」の必要性について説明しなさい。

〈注〉

1　文部科学省生涯学習政策局社会教育課「放課後子供教室について」2014年（7月31日）
　　http://manabi-mirai.mext.go.jp/houkago/about.html
2　千代田区役所「子どもの遊び場に関する基本条例」2015年（6月25日）
　　https://www.city.chiyoda.lg.jp/koho/kosodate/kaigi/asobiba.html
3　「中央教育審議会　幼稚園，小学校，中学校，高等学校及び特別支援学校の学習指導要領等の改善及び必要な方策等について（答申）」2016年（12月21日）

〈参考文献〉

・安住ゆう子・三島節子「教室・家庭でいますぐ使えるSST　たのしく学べる特別支援教育実践101」かもがわ出版，2009年
・国立教育政策研究所生徒指導研究センター「生徒指導資料　第4集　学校と関係機関等との連携──学校を支える日々の連携」2011年

・中央教育審議会初等中等教育分科会教育課程部会「教育課程企画特別部会（第26回）配付資料　幼稚園，小学校，中学校，高等学校及び特別支援学校の学習指導要領等の改善及び必要な方策等について（答申案）別添資料（4）」2016年（2017年10月17日最終確認）

　http://www.mext.go.jp/b_menu/shingi/chukyo/chukyo3/053/siryo/__icsFiles/afield
file/2016/12/12/1380468_3_4_4.pdf

・西村修一『合理的配慮とICFの活用──インクルーシブ教育実現への射程』クリエイツかもがわ，2014年

・林尚示『学校の「いじめ」への対応とその予防方法──「生徒指導」と「特別活動」の視点から』培風館，2014年

・林尚示編著『〈教師のための教育学シリーズ9〉特別活動──理論と方法』学文社，2016年

・林尚示・伊藤秀樹編著『〈教師のための教育学シリーズ10〉生徒指導・進路指導──理論と方法』学文社，2016年

・文部科学省「高等学校キャリア教育の手引き」2011年a

・文部科学省「小学校学習指導要領」2017年告示a

・文部科学省「小学校学習指導要領解説　総則編」2017年b

・文部科学省「小学校学習指導要領解説　特別の教科　道徳編」2017年c

・文部科学省「小学校キャリア教育の手引き（改訂版）」2011年b

・文部科学省「生徒指導提要」2010年

・文部科学省「中学校キャリア教育の手引き」2011年c

〈より深く学習するための参考文献や資料〉

・石戸奈々子『子どもの創造力スイッチ！──遊びと学びのひみつ基地CANVASの実践』フィルムアート社，2014年

・斎藤喜博『授業入門』国土社，1960年

・東井義雄『東井義雄著作集1　村を育てる学力』明治図書出版，1972年

・増田修治『先生！今日の授業楽しかった！──多忙感を吹き飛ばす，マネジメントの視点』日本標準，2015年

コラム⑤　発達段階及び発達課題を考慮した学校での学びと体験

　ハヴィガーストは最初に発達課題の概念を提唱した人物である。発達課題とは，社会的に適応し人格を形成する上で各発達段階において達成しておくべき社会的・心理的課題のことである。

　人生の発達段階で円滑に次の段階に移行するためには，それぞれの発達課題を解決し達成していくことが必要である。しかし，各段階の発達課題を達成できていなかったり，回避した場合には後の段階で心と体に不調が表れたりする恐れがあるため，未達成の発達課題に取り組み改善することが望ましい。

　エリクソンは，児童期の発達課題を「勤勉性を学校教育を通じて獲得する」とした未達成の場合には劣等感を背負うことにつながる。

　また青年期の発達課題は「将来への見通しを立てるために人生観や自我同一性（本当の自分）を確立する」ことであり，未達成の場合には，自我同一性の拡散につながるのである。

表1　ハヴィガーストとエリクソンが提示した発達課題の対比

発達課題の提唱者	ハヴィガースト	エリクソン
児童期の 発達課題 （就学〜身体の発達）	健全な習慣を身に付ける	自己管理の習慣
	友達関係を作る	道徳性，良心の形成
	性役割の理解	性役割の理解
	計算・読み・書き能力の発達	勤勉的な態度の獲得
	道徳性，良心，価値尺度の発達	計算・読み・書きの
	集団に対する態度の発達	知能・技能の獲得
青年期の 発達課題 （身体の成熟〜就職・結婚）	問題解決能力の発達	
	成熟した仲間とのつきあい	自我同一性の獲得
	倫理体系の発達	↑
	責任ある社会的行動	達成できない場合……
	身体の有効利用	↓
	経済的自立の準備	同一性の拡散
	親からの情緒的独立	
	結婚・家庭生活の準備	

　学校には，家庭環境，家庭教育とその方針，成育歴，心身の発達，学習・運動能力など，それぞれ千差万別の子ども達が通っている。学校教育は子どもに社会性を身に付け，人格形成を図ることを目的とするため，担任は，各学校種において達成すべき発達課題を意識し，子ども一人ひとりの個性やバックグラウンドを把握した上で，社会的・心理的課題の達成を支援すべきである。

それに加えて，さまざまな子ども達の学びを深めるためにも，異なる学校種間の前後の発達段階や課題を踏まえ，学びの目標や体験と学習の整合性を図り，系統的に教育をする必要がある。（表2）

表2　発達段階と学校での学びと体験

年齢	受胎〜0	1 2 3	4 5	6 7	9	12	15	18〜
段階区分	胎児期	乳児期	幼児期		児童期		青年期	
			前期	後期	前期	後期	前期	中期	後期
ピアジェの発達段階	感覚運動期		前操作期		具体的操作期		形成的操作期		
エリクソンの発達段階	基本的信頼関係	自律性	自主性		勤勉性		自我同一性		親密性
セルマンの役割取得発達段階	自己中心的役割		主観的役割取得		自己内省的役割取得	相互的役割取得		質的体系・象徴的相互交渉の役割取得
学校制度	(幼保連携型設定子ども園)	幼稚園	小学校・低学年		小学校・高学年	中学校	高等校	大学
学びの目標	生涯にわたる人間形成の基礎を培い，体験を通じて身の回りのことを学び，基本的な生活習慣を身に付ける		身体の発達に応じて初等普通教育を施しながら基本的な生活習慣を確立し，基礎学力を身に付ける		身体の発達に応じて初等普通教育を施しながら，基礎基礎的な知識と技術を修得し，発展的な学習に取り組む	小学校における教育の基礎の上に，身体の発達に応じて中等普通教育を施す	中学校における教育の基礎の上に，身体の発達に応じて高等普通教育及び専門教育を施す	高い教養と専門的能力を培い，真理を探究して新たな知見を創造し，その成果を社会に貢献できるようにする
体験と学習	原体験		体験活動		体験学習	経験学習		
	五感を通して自然の事物や現象に直接触れる活動（火体験・石体験・土体験・水体験・木体験・草体験・動物体験・闇体験）		自分の身体を通して実地に経験する活動（自然体験活動・生活文化体験活動・社会体験活動）		体験活動を通じて学習者の感覚機能を使いながら対象に直接はたらきかけ，そこから事実や法則を習得する学習	経験に基盤を置く連続的変換的な過程。個人が社会的・文化的な環境と相互作用するプロセスであり，人間の中心的な学習形態		

コラム⑥　体験活動と生きる力

　1996（平成8）年の中央教育審議会（以降,中教審）第1次答申において「生きる力」の理念が提示されて以来,体験活動が重視されている。その背景には子どもの思考や実践の基になる直接体験の不足があり,自然体験・生活体験・奉仕活動等の機会を豊富にすることで人間性が豊かになり,生きる力が育まれると考えられている。

　子どもの認識過程は,直観（体験）→思考（概念化・知性）→実践（表現・行動）とされ,特に五感による知覚は重要である。学ぶとは,感覚的な認識を概念化し,科学的・合理的・法則的に捉え直した知性を用いて自らを高め,実生活を豊かにすることである。そして実生活の中での体験と知性・概念を往還・統合することで思考は深まり,実践化が促進されるのである。

　学校は子どもの体験を土台とした感覚的な認識を科学的・合理的な考え方や概念に置き換える機関であり,意図的・組織的に設けられている。

　しかし体験の減少は,実感が伴わない概念から学ぶことにつながり,子どもの認識過程を歪める要因になっている。その結果,体験不足から本質・真理・正否を問わずに暗記中心の詰め込み式の勉強となり,学びに対する喜びや驚き,発見や主体性は期待できない。

　学校教育は,子ども自身が判断して行動し,その結果に責任を持つことや,自己実現に向かって自分を方向づける自己指導力や生きる力を育むことが責務であり,その土台には子どもの直接的な体験が必要不可欠である。

図　体験を基盤とした生きる力と概念形成

小林辰至・雨森良子・山田卓三（1992）「理科学習の基盤としての原体験の教育的意義」『日本理科教育学会研究紀要』vol.33 No.2, p.55をもとに作成

　体験活動とは，2007（平成19）年の中教審答申「次世代を担う自立した青少年の育成に向けて」において「体験を通じて何らかの学習が行われることを目的として，体験する者に対して意図的・計画的に提供される体験」と定義され，大別すると生活・文化体験活動，自然体験活動，社会体験活動がある。

　特別活動では，宿泊体験，自然体験，交流体験，職場体験，ボランティア活動，奉仕体験，農林水産体験等が挙げられる。体験活動の効果は，社会を生き抜く力の養成，自然や人とのかかわり，規範意識・道徳心等の育成，学力，勤労観・職業観の醸成，社会的・職業的自立に必要な力の育成，課題を抱える青少年への対応等があり，発達段階に応じて行うことでより効果的になる。

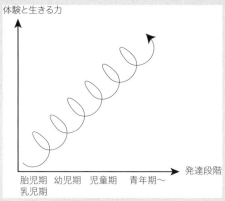

図　発達段階と体験・生きる力

　2016（平成28）年の中教審答申「幼稚園，小学校，中学校，高等学校及び特別支援学校の学習指導要領等の改善及び必要な方策等について」では，「豊かな心や人間性を育んでいくという観点からは，子供たちが様々な体験活動を通じて，生命の有限性や自然の大切さ，自分の価値を認識しつつ他者と協働することの重要性などを実感し理解できるようにする機会や，文芸活動を体験して感性を高めたりする機会が限られている」と指摘している。

　体験活動は各教科や領域等と連動させ，体験から感じ取ったことを言葉や絵，身体等を使って表現し，ふりかえることが重要である。事後に調査や学習したことを発表し合い，ディスカッションやディベートを通して協同的に議論し，集団としての意見を論理的に帰結することで深い学びになる。

コラム⑦ TAP
（玉川アドベンチャープログラム・teachers as professionals）

　子ども達の豊かな心を育み社会を創生するために玉川大学では2000年に「行動する全人教育」をテーマにTAPを導入し、2015年からはTAPセンターを中心に実践と研究を行っている。このプログラムの源流にはOutward Bound School（OBS）とProject Adventure（PA）がある。

　玉川学園創立者の小原國芳が理想の教育の在り方を探求し続けた結果、その情熱と苦難の体験から「全き人を育てる」という教育の姿を全人教育とし、人間形成には「真・善・美・聖・健・富」の六つの価値を調和的に創造することとした。その理想を実現させるために12の教育信条があり、TAPはその具現的な教育実践の一翼を担っている。（図1）

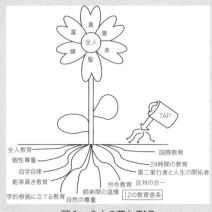

図1　全人の花とTAP

　TAPは他者から人為的・強制的にインプットされるものではなく、さまざまな体験学習を通して自らアウトプットできるように促進することが目的である。温室栽培のようにすべて整えられた環境下で育つ花ではなく、困難な環境下であってもたくましく成長し、適応力や抵抗力も兼ね備えた雑草のように自己教育力や自己冒険力を促すのがTAPの役割であり、その結果として開花するのが全人の花である。自己冒険力とは、教師の支導によって、子どもが成功するかどうか不確かなことにあえて自ら挑戦すること＝アドベンチャーができる環境について体験学習し、そこでの気づきや学びを子ども自身で試行錯誤しながら日常生活に生かし、人生を開拓していく力である。

　TAPでは，C-zone（自分にとって居心地がよく快適な状態であり，慣れ親しんでいて予測可能な領域）に留まることではなく，あえて自らの意思決定においてリスクを背負い，C-zoneから踏み出すことをアドベンチャーとしている。また人間の心身の状況や取り巻く環境を円形の三つの領域に分けて考え，その円の中心に近い程，安全かつ快適でありリスクが少ないことを意味している。（図2）アドベンチャー（A）は，個人の性格（P）と周囲の安全な環境（C-zone）の掛け合わせによって出現しやすくなると考えるのが「アドベンチャーの理論（A＝f（P・C-zone））」である。（図3）

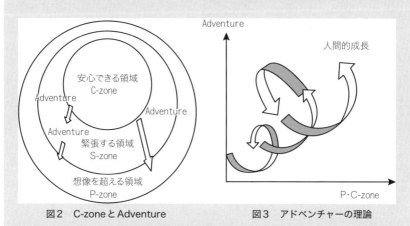

図2　C-zoneとAdventure　　　　図3　アドベンチャーの理論

　TAPは，開発的生徒指導としての側面やグループ・アプローチによる心理教育の一つとしての側面も持ち合わせている。近接領域には心理教育の代表的な構成的グループ・エンカウンターやソーシャル・スキルトレーニング等があり，それぞれの特性を踏まえて実施することが有効である。
　教師には教育の専門家として指差す方向に導く指導力と，全教育活動を通じて子どもを支え，子ども自身で進むべき方向を自己決定して歩んでいけるように導く「支導力」が求められている。この二つの力によって，クラスにC-zoneや支持的風土が醸成され子どもは成長するのである。

〈参考文献〉
工藤亘「アドベンチャー教育におけるエッジワークと動機づけについての研究——アドベンチャーの理論を基にした教師の役割とC-zoneに着目して」「TAPの足跡とこれからの可能性——teachers as professionalsモデル開発を目指して」『教育実践学研究』第19号，2016年

第4章

小学校高学年

第1節　児童理解と学級運営

1．意見を言わない高学年の子ども

　小学5・6年生の子ども達は小学4年生の頃までとは違って，授業中発言することが目に見えて少なくなる。なかには，発言を促しても誰も発言しないだけでなく手を上げることすらしなくなってしまう。そうしたとき，教師はなんとか発言させようと饒舌になり，かえって子どものひんしゅくをかってしまうことがある。

　では，どうして意見を言わなくなってしまうのだろうか。大学の2年生に「小学5・6年生のときのことを思い出して，"意見が言えないときの気持ち"を考えてみよう」というアンケートをとってみた。「ある」「時々ある」を合計した割合をもとに，50％以上の項目を挙げてみたい。

　　【1】　空気を読んでしまうから　　　　　　　　　　　　　92.5％
　　【2】　自分の意見に自信がないから　　　　　　　　　　　74.5％
　　【3】　間違えるのがこわいから　　　　　　　　　　　　　70.1％
　　【4】　自分の意見を否定されるのがこわいから　　　　　　67.2％
　　【5】　自分の意見が整理されていないから　　　　　　　　65.7％
　　【6】　人と違うことや間違えるのがこわいから　　　　　　61.2％
　　【7】　教師の求めている答えと違っているのがこわいから　58.2％
　　【8】　考えていることを言葉にできないから　　　　　　　58.2％
　　【9】　表面的なものしか知らず，言うことができないから　53.7％
　　【10】　注目されるのがこわいから　　　　　　　　　　　　50.7％

この10項目のうちの上位3項目でそれぞれ1番に挙げた代表的な意見は，次の通りである。

【1】「空気を読んでしまうから」を挙げた理由
　　・その場の流れなどで，言いたくても言えない空気がある。
　　・「空気」が良ければ言えるし，悪ければ言えないと思う。

【2】「自分の意見に自信がないから」を挙げた理由
　　・自分の意見よりも他の人の意見の方が論理的で説得力があり，自分の
　　　意見があまり反映されなかったことがあるから。
　　・自分に自信がないし，意見を言って先生が求めているものと違ったら
　　　どうしようと思ってしまうから。
　　・もし他の人から否定的に思われたらどうしようと感じるから。

【3】「間違えるのがこわいから」を選んだ理由
　　・間違えることでバカにされるのではないか，否定されるのではないか
　　　と考えてしまうから。
　　・自分が自信をもって答えたものが違っていたときに，クラスの男子に
　　　冷やかされたから。
　　・率先して手を上げて間違えたときに笑われている友達を見て，あんな
　　　風にがんばったのに嫌だなと思ったし，間違えたらダメなんだという
　　　空気がこわいと思ったから。
　　・人前で話すのが苦手な性格で，せっかくがんばって意見を言ったのに，
　　　やんわりと「ちがう」ということを話におりまぜてきてトラウマになっ
　　　たから。

　学生達は小中学校のときに，空気を読むことを自然に覚えていっているだけでなく，空気を読まなければ生きていけなかった状況であったことが見えてくる。また，「友達に笑われたり冷やかされたりした」，「間違えたらダメなんだという空気がこわい」と語っている。特に気を付けなければいけないのが，「先生が求めていた意見と違う」ということの恐れである。教師が"正解主義"であることで，子ども達が意見を言えなくなってしまうとしたら，問題である。小学校高学年から「空気を読み」，「先生の意見に沿うような意

見を言う」という傾向が顕著になってくるため，意見を言えなくなっているのである。これでは，「主体的・協働的で深い学び」などできるはずがない。

　また，そうした正解主義だけでなく，子ども達は「価値観の混乱」と「価値観の一元化」という二律背反の状況の中で苦しんでいるのである。（コラム⑧p.122参照）

２．価値観の混乱

　ある小学校5年生のクラスが荒れてしまい，6年生でA教諭が担任することになった。そのクラスの女子児童Bが，中学校卒業後に，現在，大学教員をしているA元教諭を訪ねてきた。

> 　そのときに当時の女子児童Bは，「先生，私，『別に…』とか『何にもな～い！』とよく言ってたよね。それに，たまに意見を言えばA先生に対して反対ばかりしていたよね。あれって，A先生に対して反発していたけど，気が付いてた？　先生はよく『なんでも言っていいよ！』とか『クラスは君達がつくっていくんだよ』とか言ってたけど，それが信じられなかったなんだよね。だって5年生のときの担任は，私達の意見なんか何も聞いてくれなかったし，私達の悪いことばかり取り上げて怒ってばかりいたんだ。だから，A先生の言ってることも本当は建前で，ウソだと思っていたんだ」と言ってきた。

　A元教諭は，「知っていたよ。でも，そのことを知った上で一緒にやっていけばわかってくれると思ってやってきたんだよ」と答えた。最後にBが「言ってることを最後までやり通したので，信用するようにしたんだ」ということを話してくれた。

　前思春期の子どもには，大人の価値観に対して懐疑的になる時期がある。そのときに，5年生の担任が子どもの思いを無視した学級経営をしたことで，価値観の混乱がひどくなったのである。

　現在の多くの子ども達は，人と人との関係を切り裂き敵対させる力が強く働いている社会で生活しているように考えられる。その過程の中でさまざまな傷を負い，「いらだち」や「不安」といった生活感情を溜めていると言っ

てよい。そうしたどうしようもない感情を受けとめ，励ましてくれる存在を求めているのが，今の子ども達である。それを否定したり，大人の価値観を押し付けようとしたりすれば，子ども達の不満は高まる。同時に，「意見を言っても聞いてくれない」というあきらめにも似た感情を持つようになれば，子ども達は意見を言わなくなってしまう。教師は，「意見を言えない」のか「意見を言わない」のかをきちんと見極める必要がある。

3．価値観の一元化

　そうした子どもの現状に追い打ちをかけているのが，価値観の一元化である。高学年ともなると，結局「勉強ができる」「運動ができる」といった価値観が大きなウェイトを占めている現実を知っていく。つまり，価値観が多様化しているように見えて，実は一元化・単一化していると言えるのである。だからこそ，子ども達はそうした価値観に意識的あるいは無意識的に反発していると言えるのである。それが，「別に」という言葉につながっている場合があると考えるのも大切なのではないだろうか。

4．情報量の増大

　2011年3月に実施された「子供の携帯利用に関する調査」（メディアインタラクティブ，現在は株式会社ネオマーケティング）によると，「幼稚園，保育園，小学校のいずれかに通う子どもたちに自分専用の携帯電話を持たせている」との回答世帯が24.6%に上っており，幼児から小学生にまで携帯電話が普及していることがわかる。

　2017年5月に東京都が発表した「平成28年度　家庭等における青少年の携帯電話・スマートフォン等の利用等に関する調査報告書」によると，保護者が携帯電話（スマートフォン・PHSを含める）を持たせた理由は「子供といつでも連絡が取れるように」が87.3%，「所在がわかるように」が50.2%，「子供にせがまれて」はわずか2.7%であった。これは，社会における安全性への危惧感の表れであると同時に，子どもを安全に守る備えとしての意識が高くなっているともいえる。同調査によると，スマートフォンを所有している割合は，すでに小学1〜3年生で12%，小学4〜6年生で19%になっている。

つまり，スマホやインターネットなどを通じてたくさんの情報を得ている小学生が多くなっているのである。

　こうした機会を得ている子ども達は，例えば東日本大震災や原発の情報を手に入れ，いかに情報が不正確であるかということを身にしみて知っていったに違いないし，実際そのような発言をしている小学校6年生の女の子がいた。大人と子どもの大きな違いが知識の量であるとしても，その知識そのものへの疑問が子ども達の心の中に沈殿しつつあると言えるのではないだろうか。そう考えると，知識そのものへの検証を子どもと一緒にしていく大人の側の姿勢が必要になってきていると言える。

5．傷ついている子ども達

　「テレビの活き作りをお母さんと一緒に見て，会話しているうちに泣けてきた」と詩に綴ってきた子どもがいた。この子どもの母親は，「自分自身が親に愛されることなく育ったため，子どもの愛し方がわからない」と担任に悩みを打ち明けた。この子は，「別に」とか「私の意見なんて…」とよく言っていた。こうした子どもの言葉の裏側に，子どもが傷ついている現実があることも考えておくべきことなのである。子どもの心へのアンテナを常に高くする必要が，教師や大人にはある。

第2節　学習指導における生徒指導

1．子どもの観察力向上とノート指導

　次ページの絵は，ある小学校5年生の女子児童が初めて描いた自画像である。

　このデッサンは，クラスでも比較的上手なほうだったが，ここまで物を見て描写する力が落ちているとは思っていなかった。

　そこで，自分なりに「美術教育指導案」を作成して，指導していくことにした。この際，さまざまな美術資料や教養講座の資料を取り寄せ，小学校の子どもに合ったものにするように工夫し，プロの美術家にも指導をあおいだ。その結果として，主に次のような12の指導過程ができた。

図4-1　はじめの絵　　　　　図4-2　指導後の絵

A. クロッキーの指導　B. 静物デッサン　C. 人物描写　D. 静物写生
E. 彩色指導　F. 彫塑　G. 彩色指導Ⅱ　H. 彫塑Ⅱ　I. 木版画
J. 自然描写　K. 風景描写　L. デッサン　M. 生活描写

　こうした指導の結果，上記で指導した女子児童の自画像が，6年生では図4-2のような丁寧な絵に変化していった。
　この絵を描いた子だけでなく，どの子もが上手になっていった。その結果として，物をしっかりと見つめ，ささいな違いにも気が付く子ども達になっていったのである。こうした美術指導は，ノート作成におおいに生かされた。教科書や資料集，本などの絵を取り入れ，見やすくて理解しやすいノートが書けるようになっていった。
　このノート指導のポイントは，次のようなものである。

　①色は，3〜4色程度にする。
　②特に強調したい点や覚えておくべき点については，赤字で書いたり，四角で囲んだりする。
　③自分の意見や感想を書くようにする。
　④項目をきちんと分けて，わかりやすくする。

　こうした指導を随時加えながら，ノート指導をしていった。

　図4-3のノートは，魚の解剖と仕組み，算数の「長さ，面積，体積」の
学習を児童自身が自分でやったものである。白黒なので，わからない部分も
あるかと思うが，色鉛筆を使って濃淡を出したりして，とても見やすいもの
になっている。

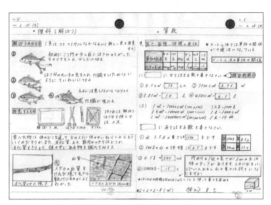

図4-3　子どものノート

2．反転授業を行うためのノート指導・新聞づくり

(1) 知識の差を埋めるノート指導

　小学校6年生の「歴史授業」における一番の問題は，知識量の差が認識の
差につながってしまうということである。まずは，歴史に対しての基礎知識
を獲得させ，それをもとに授業を展開していくことが大切なポイントになる。

　そのために，教科書の区切りごとに，内容を図4-4のようにB4判1枚に
学習プリントとしてまとめ（教科書の8～10頁），それを覚えさせる。また，
そのプリントに考えるポイントを入れておく。すると，知識量の差が埋まり，
全児童が積極的に取り組むようになっていく。よく言われることだが，「教
科書を教えるのではなく，教科書で教える」ことで，子どもの学力は豊かに
なっていくのである。

　こうしたことを繰り返していくうちに，子ども達は自分で教科書の大切な
ポイントをまとめていけるようになっていった。その後は，教科書の内容を

全員に前もってまとめさせていった。それを図4-5のように子どものノートをもとにまとめプリントを作成し，考えるポイントも入れるようにしていった。

　このノートにまとめる段階で，子ども達は学習する時代を考えるのに必要な知識を獲得していくのである。

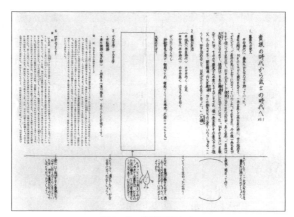

図4-4　学習プリント

図4-5　子どものノートからつくった学習プリント

(2) 歴史新聞を使った反転授業

　こうしたノート指導と同時に,「歴史新聞づくり」をしていく。ノート指
導と同様に歴史の内容を前もって新聞にまとめさせていくのである。ここで
も,小学校5年生の「美術教育」をもとに指導したことが役立った。

　図4-6の新聞は「江戸時代新聞」である。この段階になって,「反転授業」
に切り換えていった。歴史新聞を,学ぶ前に仕上げていくようにしていった。
この反転授業によって,授業の質が高くなると同時に歴史の奥深いところま
で学ぶことができるようになったのである。そして,身分を超えて同じ思い
を持ったときに,歴史が大きく転換していくことを学んでいった。

　よく教師は,「しっかり見なさい」とか「きちんと考えなさい」と言う。
しかし,ここで紹介したように,「見る方法を教える」,「考えるのに必要な
知識を身に付けさせる」ということを抜きにしては,質の高い授業はできな
いことを理解すべきである。

図4-6　子どもが作成した歴史新聞

3. テスト主義を超える授業を

　子ども達は，歴史認識を深めていった。例えば，記述式テストで「江戸時代，鎖国はなぜ行われたのですか？」といった問題をすべての児童がきちんと答えられるようになった。これは，歴史をつながりの中で捉えることができるようになった証拠である。こうしたノート指導や学びを通して，高学年の子どもは成長・変化していくのであり，このような取り組みが「学習指導と生活指導の統一」（学習指導における「生徒支導」）なのではないだろうか。

第3節　道徳教育と生徒指導

　「道徳教育」は全教育活動を通じて行われるものである。そして，その要となるのが「道徳科」の授業であり，道徳科では，道徳教育との関連を図りながら「補充，深化，統合」の役割を果たし，道徳性を養うために，その内面的資質である道徳的な判断力，心情，実践意欲と態度を育てることを目標としている。それに対して「生徒指導」は，子ども達の日常生活の問題行動等に対して直接指導することが一般的に多いことから，道徳科とは性質が異なる。しかし，生徒指導は，全教育活動を通じて行う道徳教育としての枠組みの中での指導と捉えることができる。そして，「生徒支導」というスタンスが，生徒指導よりも道徳科の授業のスタンスに近いということは，本書第2章第3節，第3章第3節で述べてきたところである。

1. 教育課題への対応

　道徳教育及び道徳科で養う道徳性は，自己の生き方を考え，主体的な判断の下に行動し，自立した人間として他者と共によりよく生きるための基盤となるものである。日常生活においても，人から言われるからといった理由や周りのみんながしているからといった理由ではなく，物事を多面的・多角的に考え，自らの判断により，適切な行為を選択し，実践するなど，道徳教育及び道徳科の指導内容が児童の日常生活に生かされるようにすることが大切である。また，高学年という発達の段階を考えると，中学校段階への接続も視野に入れて指導することが大切である。

　低学年や中学年と比べると，高学年では考えるべき課題も深刻化し，特に，道徳の特別教科化の発端となったいじめ問題への対応，安全の確保に関する指導や情報モラルに関する指導の充実，社会の持続可能な発展などの現代的な課題の扱い等が挙げられる。これらの指導については，道徳教育や道徳科の特質を生かし，よりよく生きるための基盤となる道徳性を養うことで，児童がそれらの課題に主体的にかかわることができるようにする。さらに，主権者として社会の中で自立し，他者と連携・協働しながら，社会を生き抜く力や地域の課題解決を社会の構成員の一員として主体的に担う力を養うことも重要な課題となっている。

　これらの諸課題には多様な見方や考え方があり，一面的な理解では解決できないことに気づかせ，多様な価値観の人々と協働して問題を解決していこうとする意欲を育むよう留意することが求められる。なお，これらの現代的な課題の学習では，答えが定まっていない問題を多面的・多角的視点から考え続ける姿勢を育てることが大切である。安易に結論を出させたり，特定の見方や考え方に偏った指導を行ったりすることのないよう留意し，児童が自分と異なる考えや立場についても理解を深められるよう配慮しなければならない。

２．いじめの防止

　いじめは，児童の心身の健全な発達に重大な影響を及ぼし，ともすると不登校や自殺などを引き起こす背景ともなる深刻な問題である。

　道徳教育においては，教育活動全体を通して，さまざまな活動の機会を捉えて指導することが大切である。日頃から，「友達同士，仲良くしましょう」と声をかけたり，教科等の授業では，「異なる考えでもよく聞いて，自分との違いを確かめながら，相手の立場を考えましょう」と声をかけたりすることなど，すべてがいじめをしない，許さない，見逃さない指導となる。また，生命を大切にする心や互いを認め合い，協力し，助け合うことのできる信頼感や友情を育むことをはじめとし，節度ある行動，思いやりの心，寛容な心などをしっかりと育てることが大切である。

　道徳科においては，いじめに関する教材を活用して授業を行ったり，教材

の問題場面において「何が問題だったのか」,「自分ならばどう考え, どうするか」を問うような授業を行い, 自分自身の問題として受けとめて考えたり, 傍観者, いじめる側, いじめられる側のそれぞれの視点に立って考える授業を行ったりするなどの工夫が考えられる。

　そして重要なのは, いじめが起きてからこのような指導を行うのではなく, 日頃から意図的, 計画的に指導をしていくことであり, 学んだことが, 日々の生活の中で, よりよい人間関係やいじめのない学級生活を実現するために自分達にできることを相談し協力して実行したり, いじめに対してその間違いに気づき, 友達と力を合わせ, 教師や家族に相談しながら正していこうとしたりするなど, いじめが起きない学校や学級の気風をつくっていくことである。

　道徳教育及び道徳科のこれらの指導は, いじめの未然防止, あるいは「積極的な生徒指導」とも呼ばれるものであり, いじめの防止に児童が主体的にかかわる態度へとつながっていくようにすることが大切である。(コラム⑨p.124参照)

3. 小学校高学年の指導内容の重点化

　小学校高学年における道徳教育の内容については, 低学年や中学年と同様に, 「A 主として自分自身に関すること」,「B 主として人との関わりに関すること」,「C 主として集団や社会との関わりに関すること」,「D 主として生命や自然, 崇高なものとの関わりに関すること」の四つの視点にまとめられており, A〔善悪の判断, 自律, 自由と責任〕他五つ, B〔親切, 思いやり〕他四つ, C〔規則の尊重〕他六つ, D〔生命の尊さ〕他三つの合計22の内容項目について指導することとしている。

　このように, 全教育活動を通じて行う道徳教育で指導する内容は多岐にわたっている中で, 特に, 小学校高学年という発達の段階においては, 小学校各学年を通じて配慮することを踏まえ, 特に, 相手の考え方や立場を理解して支え合うこと, 法やきまりの意義を理解して進んで守ること, 集団生活の充実に努めること, 伝統と文化を尊重し, それらを育んできた我が国と郷土を愛するとともに, 他国を尊重することに配慮することが大切になる。

　この段階では，小学校教育の完成期であり高学年段階の児童としての自覚ある行動が求められる。中学年の重点を踏まえた指導の充実を基本として，日本人としての自覚をもって我が国の伝統と文化を理解し，それらを育んできた我が国と郷土を愛するとともに他国の伝統と文化を尊重することなどに関する指導に配慮することが求められる。この時期の児童は，知識欲も旺盛で，集団における自己の役割の自覚もおおいに進む。自己や社会の未来への夢や目標を抱き，理想を求めて主体的に生きていく力の育成が図られるよう，それまでの学年における指導を踏まえ，中学校段階との接続も視野に入れ，特に国家・社会の一員としての自覚を育てることを重視した適切な指導を行う必要がある。

4．小学校高学年に対する指導の在り方

　道徳科の授業では，特定の価値観を児童に押し付けたり，主体性を持たずに言われるままに行動するよう指導したりすることは，道徳教育の目指す方向の対極にあるものと言わなければならない。多様な価値観の，時に対立がある場合を含めて，自立した個人として，また，国家・社会の形成者としてよりよく生きるために道徳的価値に向き合い，いかに生きるべきかを自ら考え続ける姿勢こそ道徳教育が求めるものである。

　小学校高学年という発達の段階を踏まえると，道徳的価値が人間らしさを表すものであることに気づき，本書第3章第3節の4．で示した価値理解と同時に人間理解や他者理解を深めていき，自分とのかかわり，つまり，これまでの自分の経験やその時の感じ方，考え方と照らし合わせながら，さらに考えを深めていく。また，他者と対話したり協働したりしながら物事を多面的・多角的に考え，自己の生き方について考えを深めていく。そして，これからの生き方の課題を考え，それを自己の生き方として実現していこうとする思いや願いを深めることができるように指導していくことが大切である。

　第2章で小学校低学年，第3章で小学校中学年について述べてきた。そして，内容項目の一つである〔規則の尊重〕を例に挙げ，「きまりは，どうして守らなくてはいけないのですか」という共通の問いを投げかけてきた。高学年ならば，「きまりを守ることが，みんなを守ることになるから」などと，

より視野を広げて答えられる児童を育成することが好ましいと考えられる。

第4節　キャリア教育と特別活動

1．はじめに

　小学校高学年は10 〜 12歳のプレティーン（preteen）の時期に当たる。この時期の特徴は，ギャングエイジ（gang age）といわれる。なお，ここでのギャングとは仲間（gang）のことであり，悪者（gangster）のことではない。特定の仲間関係ができる時期であることを指している。

　「生徒指導提要」（2010）では，高学年の時期には，道徳性については，「相手の身になって人の心を思いやる共感能力」（文部科学省，2010:51）が発達してくるとしている。仲間関係については，「『親友』という存在ができて，特定の友人と親密なかかわりを持ち，互いの考えや気持ちを共有し合う関係を持つ」（文部科学省，2010:52）ようになるとしている。

2．小学校高学年のキャリア教育と特別活動の関係

（1）小学校高学年のキャリア教育

　小学校高学年のキャリア発達課題は，①自分の役割や責任を果たし，役立つ喜びを体得する。②集団の中で自己を生かす。③社会と自己のかかわりから，自らの夢や希望をふくらませる」（文部科学省，2011a:147）である。

　役割や責任を果たして役立つ喜びを体得することは，「社会参画意識」の向上をもたらす。集団の中で自己を生かすことは，「社会の形成者としての意識」を高めることにつながる。そして，自らの夢や希望をふくらますことは，「自己変容」のきっかけとなり，中学校以降の「進路指導」の充実につながる。このような小学校高学年のキャリア発達課題を適切に記録できる「キャリア・パスポート」の開発が望まれる。「キャリア・パスポート」は必ずしも明確な形式が定まっているわけではないが，『小学校キャリア教育の手引き〈改訂版〉』（文部科学省，2011b:70）を例とすると，子どもの成長の記録のためのキャリア教育の評価の方法として，具体的には，次のようなものが考えられる。

表4-1　キャリア教育の評価の方法の例

番号	評価の方法	
1	児童の発表や話し合いの様子	観察による評価
2	学習や活動の状況	
3	児童のレポート	制作物による評価
4	児童のワークシート	
5	児童のノート	
6	児童の作文	
7	児童の絵	
8	児童の学習の自己評価	
9	児童の学習の相互評価	
10	教師や地域の人々等の記録による他者評価	
11	複数の授業評価項目を設定し評価する評価尺度法	
12	教師と児童の発言内容を記述する文章記述法	
13	録音や映像による記録法	
14	その他	

文部科学省（2011b:70）をもとに作成（林尚示，作成）

(2) 小学校高学年の特別活動

　小学校の特別活動は学級活動，児童会活動，クラブ活動，学校行事で構成されており，この中で，小学校高学年の特別活動の特徴は児童会活動である。「学習指導要領」の特別活動の「内容の取扱い」に「児童会の計画や運営は，主として高学年の児童が行うこと」とある。

　なお，児童会活動は，(1) 児童会の組織づくりと児童会活動の計画や運営，(2) 異年齢集団による交流，(3) 学校行事への協力の三つがある。(1) のみ，主として高学年児童が担当し，(2) と (3) の具体的な活動は全学年で実施される。

　「小学校学習指導要領解説　特別活動編」（2017〈平成29〉年告示）では，学級活動 (1) について，「高学年では，一つ一つの出された意見を大切に受け止め，意見の背景にある相手の立場や考え方を理解できるように特に配慮する」とされている。学級活動 (2) については，「高学年では，日常の生活や学習についてより高い目標を立て，自分の生活を見直すなどして目標を

もって粘り強く努力することができるようにし，自他の特徴に気付き，よい
ところを伸ばし合うことができる活動となるよう特に配慮する」とされている。学級活動（3）については，「高学年では，児童自ら，現在及び将来の生き方を考えたり，自分に自信をもち，よさを伸ばして生活したりできるようにするために，学級での話合いを生かして考えを深め，意思決定したことについて粘り強く努力できる活動になるよう配慮する」とされている。（1）はいわば学級会の内容であり，学級の形成者として学級への参画意識が重視される。（2）はいわば生活指導の内容であり，自己変容につながる活動が重視される。（3）はいわばキャリア教育の内容であり，児童に生き方を考えさせることによって中学校以降の進路指導につながる指導が重視される。

　クラブ活動については，「小学校学習指導要領解説　特別活動編」（2017〈平成29〉年告示）では，児童の自発的，自治的な活動が効果的に展開されるようにするために，「教師の適切な指導の下に，高学年の児童が下学年の児童の思いや願いを生かして活動することができるよう配慮する必要がある」とされている。つまり，高学年児童には，クラブ組織の形成者として，中学年よりも年上の存在としてクラブ活動に参画することを通した自己実現を図る指導が目指される。

　学校行事は，高学年では遠足・集団宿泊的行事として修学旅行が実施されることが多い。修学旅行は，人間関係の希薄化や自然体験の減少などを補う経験として有益なものである。また，学校行事は特定の学年で行われる修学旅行以外にも，多様な内容があり，全校で活動するものが多い。その際に，高学年児童が十分に役割や責任を果たし，リーダーシップを発揮する機会がある。また，異年齢での活動の中で，多様な他者を認めることの大切さを実感する場面や，友人関係の大切さについて理解する場面が，学校行事の中には数多く含まれている。

　そのため，学校では，これらの人間関係形成に関する能力，学校という社会に主体的に参画する能力，活動を通して自己実現に向かって生き方を考えられる能力を記録できる「キャリア・パスポート」を整備したい。

3．小学校高学年のキャリア教育と特別活動のまとめ

　高学年児童は，学校への所属感の高まりが見られ，学校を小さな社会に見立てた場合，「社会の形成者」として「社会参画意識」が育ってくる。そしてそれまでの学校での活動の経験によって，全校的な視野に立って活動できるような「自己変容」が見られる場合も多い。児童会活動のリーダーの経験が社会の中での自己実現を目指す中学校以降の「進路指導」につながるように，活動の記録を残したい。そのため，「キャリア・パスポート」には児童会活動での成果も記入できるようにするとよい。

第5節　特別支援教育と生徒指導

　小学校高学年になると中学年からの発展で「社会性」を養うことになる。これは具体的には「グループワーク」等でのリーダーシップやメンバーシップ，役割分担になる。支援を必要とする子どもであればこそ，得意なことを生かした役割分担の遂行，苦手なことをメンバーに依頼するときの方法等をスモールステップで学ぶことが必要になる。

　図4-7に「特別支援教育と生徒指導」の就学前から高等学校卒業後までの全体的流れと「生徒指導」のキーワードを改めて確認し，小学校高学年の対応について述べる。

　さまざまな，そして大きな質的変化が生じる時期である。大人への第一歩であり，大人らしい自らの調整能力が求められる。ここで，支援を必要とする子ども達には社会性を養う上で，集団の大きさと質に配慮が必要となる。集団の大きさは4〜6人が望ましく，構成メンバーは①学級内の学習グループ，②特別活動場面等の異年齢グループの二つが考えられ，メンバーシップとリーダーシップの体験ができる。

　同年齢グループと異年齢グループの違いはどこにあるのか，ある意味，同年齢グループは厳しい集団であり，異年齢グループは優しい集団である。「同じ学年なのになぜできない」「同じ年齢なのになぜあいつに命令される」「あいつのせいで，グループとしてうまくできなかった」「下級生には優しく」「下級生には優しくできるのに」「上級生の言うことは素直に聞く」「下級生には

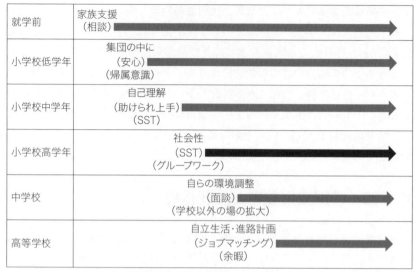

就学前	家族支援 （相談）	
小学校低学年	集団の中に （安心） （帰属意識）	
小学校中学年	自己理解 （助けられ上手) （SST）	
小学校高学年	社会性 （SST） （グループワーク）	
中学校	自らの環境調整 （面談） （学校以外の場の拡大）	
高等学校	自立生活・進路計画 （ジョブマッチング） （余暇）	

図4-7 「特別支援教育と生徒指導」の一貫性とキーワード

（安藤正紀，作成）

難しいからみんなでカバーしよう」というような違いがある。

1．「学級集団内のグループワーク」について

支援を必要とする子どもにとって，スモールステップでの「支導」が必要にある。親和性の高いメンバー構成で始める。構成的グループ・エンカウンターやアサーション・トレーニングなどを活用しながら，相互理解や親和性を高めていく。そして，単純で明確なルールをメンバーの自治として決めさせることが大切である。各メンバーの自己理解と自己開示を推進する。自分の得意と不得意を認識し，難しいことについては，メンバーに助けてもらうこと，お願いの仕方の学習が進むように担任は「指導」していく。各メンバーの得意なことを活用したグループ内の役割分担，自己有用感，そして他者理解を推進させる。

そして，徐々にメンバーの入れ替えを進め，クラス全体の相互理解と親和性を高めていく。ここで，配慮を必要とする4点がある。

①同年齢のグループではリーダーシップは求めない。教師としては「班長さん，まとめてね」と言ってしまうことが多いが，それでは，グループとしての問題解決姿勢が育ちにくくなる。

②「ふりかえり」はグループワークのプロセスの中での「タイムリーでよかった一言」「悪かった態度」等に着目させる。

③ゲーム的要素を取り入れる。この年代は，仮想と現実のバランスが微妙で，モチベーションを高めるためには，ほんの少しの遊び的要素が必要になる。

④グループワークの成長プロセス
　　○形成期（フォーミング）チームの形成／様子見
　　○混乱期（ストーミング）意見のぶつかり合い／個人の主張
　　○標準期（ノーミング）チームが従うべき基準を作り出す／同一方向性
　　○達成期（トランスフォーミング）能力の発揮と成果達成
　　○休会期（プラトー）暗黙の了解／終結を意識する
　グループワークの成長プロセスは，一般的には，上記のように5段階で説明される。
　担任はよく観察し，各プロセスでどう「指導」するかがきわめて重要である。教師はカウンセラー等と他の専門職にはない「集団指導」ができる高い専門性があると言える。

2．「縦割り異年齢集団のグループワーク」について

　障害のあるなしにかかわらず，支援を必要とする子どもにとってリーダーシップを学習する場面である。「立場が人を育てる」と言われることが「生徒指導・支導」として成果を生む場合がある。
　異年齢のグループは，ある意味で寛容で優しい集団である。また，社会的にも普通の集団構成である。逆に，同年齢が集団の基盤となっているのは学校だけである。かつては子ども達が社会性を養う地域の遊びの集団も異年齢

の集団であり，「ガキ大将」をトップとする模擬社会である。

　学校では，登下校，清掃，休み時間，特別活動，総合的な学習の時間等で，日常に近い状況でのグループワークを設定できる場面が多くある。特に，掃除の時間は，毎日の積み重ねができ，縦割りの活動に最適である。

　学校全体の組織として，明確な意図と目標とねらいを設定し，綿密な計画と指導，観察が必要となる。支援を必要とする一人ひとりのために場面を設定することになる。それらの設定された場面は，将来の社会生活の中で具体的に起こる事象に近く，問題解決が求めらる。例えば，職場で先輩がうっかり忘れた役割を，気を利かしてフォローして，問題解決するようなことである。このようなことは支援を必要とする子どもにとっては，将来に関する重要なことで，クラス内だけでは満たすことのできないニーズであると考える。

第6節　校内・保護者・地域・関係機関との連携と生徒指導

1．高学年の子どもと生徒指導

　小学生も高学年になると多くは思春期を迎え，大人と同じ考え方ができるようになる。小学校5年生の子ども達に，ある新聞の人生相談に投稿されていた次のような文を紹介し，自分ならどう答えるか書かせてみた。

> 　僕は11歳です。「大きくなったら何になりたいの？」と聞かれることがあります。僕が幼稚園に通う子どもであれば「サッカー選手！」などと喜んで答えるでしょう。だけど，小学校5年生の僕には10年後どんな仕事に就きたいのか正直なところ答えられません。このような大人の質問にはどう答えればよいのでしょう？

　これに対しA男は次のように書いた。

> 　好きなことを見つけるのが一番だと思います。もう11歳だから好きなことを見つけるのは遅いのではないかと思いがちですがそんなことはありません。なので，好きなことが見つかるまでは『今はまだ決めてないけど，いつか必ずやりたいことを見つけるから心配しないでね』と言うのが一番

116

いいと思います。

またB子は次のように書いた。

まずは体験や経験から小さな夢を見つけましょう。伝記を読んであこがれや目標を見つけるのもよいでしょう。将来の夢を持つのは大切で難しいことですが，選択肢は無限大です。自分の才能を発揮できる仕事もよいかもしれません。まず小さな目標を立てそれを少しずつ大きな目標へと移していき，将来の夢へと近づけていきましょう。

このような文章を小学校5年生にもなれば書けるようになる。大人が書く文章とほぼ同レベルである。なかにはB子のように理想主義的な考えを述べる子どもも現れる。高学年の子どもは相手の身になって考えたり人を思いやったりすることができるようになるが，一方で自分の価値判断に固執する傾向も見られるようになる。大人と議論しても自分の考えは譲らないといった行動などはその一例である。自律的な態度とともに批判力も身に付いてくる。特定の友人ができ親密な関係を持つようになり，友達からの評価を気にしたり友達と自分を比較したりするようになる。それに伴いメールやSNSなどの利用による問題行動も見られるようになってくる。

以上のような傾向を踏まえれば，高学年の子ども達には，低学年の世話役をさせたり校内のさまざまな仕事を任せたりするなど自己の有用性を感じられるような機会を意図的につくることが大切になる。それは，思いやりや気遣いのできる子どもを育てる上での一助ともなるものである。

2．校内・保護者との連携

鎌倉の校外学習から小学校6年生が無事帰ってきた。昨年この子達を受け持っていたS教諭に，ある子どもがおみやげを届けてくれた。彼は以前から大変手のかかる子どもで，教師のプライドを傷つけるような行為は日常茶飯事。一時はS教諭もお手上げ状態の日が続いた。

何とその子がS教諭に鎌倉のおみやげを買ってきてくれたのだ。どんなに悪態をついても最後まであきらめずに接してくれた教師を子どもは決して忘

れない。教師を真に成長させるのは，時として，教師に反抗的であったり手こずらせたりする子ども達である。彼らを排除した方がはるかに学級経営はうまくいくだろう。

　だが，それは教師としての成長にブレーキをかけるかそれ以上に危険な行為だと言える。このようなことを本音で語り合える職場風土が高学年の生徒指導においては大切であり，チーム学校の基盤となるものである。高学年では，特別な話し合いや相談がない限り，保護者会に参加する保護者は減少する。それは，子どもや学級の様子が大体わかってくる，協働の意識や参加に対する必要性が薄くなってくる，などの理由による。とは言え，学級担任と保護者による相互理解や信頼関係づくりは不可欠である。

　ある教師は自分の発行する学級だよりに次のような手記を寄せた。

　もうすぐ母の日がやって来る。この年になっても母の日と聞くとすぐに思い浮かべることがある。それは弁当のことだ。先生の弁当はいつも父が作ってくれた。小学校6年のときに母を亡くしたからだ。父の作る弁当は毎回同じものであることが多かった。ウィンナーソーセージをいためたものかシャケを焼いたものだ。先生はウィンナーもシャケも好きだったが，さすがに毎日続くと飽きてくるし，何よりも嫌だったのは弁当の中味で友達にからかわれることだった。このことが原因で友達と大げんかしたことがある。翌日から弁当を食べずに家に持ち帰る日が続いた。持ち帰った弁当の中味は流しに捨てた。父に知られたくなかったからだ。だが，ある日そのことが父に知れてしまった。弁当を食べずに流しに捨てていた理由を父に話したとき，父の頬にひとすじの涙が流れた。母の葬式のときですら涙を流さなかった父の涙を見て，自分のしたことのひどさに気がついた。夜遅くまで働いた父が朝早く起きて作ってくれた弁当だ。文句などつけられるはずがない。次の日からおかずの数が増えた（1か月ほどで，もとにもどってしまったが）。かわったのはおかずの種類だけではない。みんなの前で胸を張って弁当が食べられるようになった。友達にもこう言えるようになった。「僕の弁当はトーチャンが作ってくれたんだぞ。どうだ，うらやましいだろう」。先生の家の父は，父であり母である。そして世界一

の父だと大きな声で言える。自分が親になったから言うわけではないが，親というのは素晴らしいものだ。子どものためならどんな苦労もいとわない。

　この学級だよりは保護者や同僚からも大きな反響を呼んだ。何よりも教師が自分自身を率直に語っている点に共感した。高学年の生徒指導において保護者との連携を考えるとき，何よりも大切なのは教師に対する信頼である。学校が組織として機能している姿は子ども達や保護者に対して安心感を与えるとともに学校や教師に対する信頼感を高め，保護者との連携をより円滑なものにしてくれる。高学年の生徒指導では，情報の共有を前提とした情報連携，その上に立って行動レベルで連携できる行動連携，そして役割分担に応じた役割連携が必要になってくる。このような校内におけるチームプレーができてこそチーム学校と呼ぶにふさわしい学校である。

3．地域・関係機関との連携

　ある市が主催する学校支援ボランティア関係者を対象とした研修会での話である。そこで出された意見や感想の中で参加者に共通していたのは挨拶にまつわるものだった。

　「子どもの笑顔や挨拶はボランティアにとって大きな活力です」「子どもがきちんと挨拶できる学校は学力も高く落ち着いていますね」「子どもは挨拶ができるのに先生方の中に挨拶のできない人がいるのは残念です」など。

　「学校には挨拶のできない先生方がけっこういますよ」という話はよく耳にする。地域との連携において教師の挨拶は最低限のマナーと言えよう。学校支援ボランティアには，教職員に対して地域の人とのつながりや挨拶の大切さを教えてくれるといった点できわめて大きな意義と役割がある。

　また，地域には青少年の健全育成を目的として設置された団体があり，子ども達の社会的自立を目指すための地域プラットフォームとしてさまざまな活動に取り組んでいる。ここでの活動を通し互いに顔を覚えると子ども達は悪いことをしづらくなる。加えて，災害時などにはお互いに助け合うことができるといった効果を持つようになる。さらに，高学年ともなると中学校

区あるいは複数の中学校区の学校の子ども達とグループで問題行動を起こすケースが見られるようになる。

　未然防止の観点からも，隣接する小学校はもちろん近隣の中学校と定期的に連絡を取り合うなどの役割連携を，校内だけでなく学校間や地域との連携にまで広げていくことが大切である。暴力行為などが発生した場合は警察や児童相談所などとの速やかな連携とともに，スクールカウンセラー（SC）やスクールソーシャルワーカー（SSW）などから専門的な助言を求める必要がある。なお，問題行動が発生した場合のみに連携するのではなく，非行防止教室や薬物乱用防止教室などを意図的・計画的に設けるなどして日常からの連携体制を築いておくようにしたい。地域や関係機関との連携には，まず，教師ができるだけ地域の状況を知り教師自身が地域に愛着が感じられるようになることが肝心である。（コラム⑯ p.190参照）

学 習 課 題

（1）歴史の反転授業をもとに，他教科においての反転授業の方法を考え，説明しなさい。
（2）道徳教育及び道徳科でのいじめ問題への対応とはどのようなものか説明しなさい。
（3）児童会活動とキャリア教育との関連について説明しなさい。
（4）教師の信頼を高める上で教師自身が心がけるべき点について説明しなさい。

〈参考文献〉
・神奈川県立総合教育センター「『問題解決能力』育成のためのガイドブック――『習得・活用・探究』への授業づくり」2008年
・国立教育政策研究所生徒指導研究センター「生徒指導資料　第4集　学校と関係機関等との連携――学校を支える日々の連携」2011年a
・国立教育政策研究所生徒指導研究センター「生徒指導の役割連携の推進に向けて――「生徒指導主担当者」に求められる具体的な行動（小学校編）」2011年b
・林尚示『学校の「いじめ」への対応とその予防方法――「生徒指導」と「特別活動」の視点から』培風館，2014年

・林尚示編著『〈教師のための教育学シリーズ9〉特別活動──理論と方法』学文社，2016年
・林尚示・伊藤秀樹編著『〈教師のための教育学シリーズ10〉生徒指導・進路指導──理論と方法』学文社，2016年
・文部科学省「高等学校キャリア教育の手引き」2011年a
・文部科学省「小学校学習指導要領」2017年告示a
・文部科学省「小学校学習指導要領解説　総則編」2017年b
・文部科学省「小学校学習指導要領解説　特別の教科　道徳編」2017年c
・文部科学省「小学校キャリア教育の手引き（改訂版）」2011年b
・文部科学省「生徒指導提要」2010年
・文部科学省「中学校学習指導要領」2017年告示d
・文部科学省「中学校キャリア教育の手引き」2011年c

〈より深く学習するための参考文献や資料〉

・日本子どもを守る会『子ども白書2017「子どもを大切にする国」をめざして』本の泉社，2017年
・増田修治『「ホンネ」が響き合う教室──どんぐり先生のユーモア詩を通した学級づくり』ミネルヴァ書房，2013年
・『学び舎中学歴史教科書ともに学ぶ人間の歴史』学び舎，2015年

コラム⑧　支持的風土と防衛的風土

　新富康央（2014）は学級経営の基本は「認め合い（受容），支え合い（支持），高め合う（自立）のプロセス」[1]とし，支え合うとは「クラスの成員がクラスの仲間の問題を自分の問題として受け止め，共有し合い，共同してともに問題解決に取り組んでいこうとする雰囲気，すなわち支持的風土づくりである」[2]としている。

　Gibb, J. R.が提唱した「支持的風土」[3]とは「集団に与えられた課題を解決するために，集団全員がわけへだてなく，力を合わす。そして，どんな発言もけなされず，平等に受けとめられ，他人のいうことをその人の身になってよく聞こうする」[4]ことであり，「仲間との間の自信と信頼，何でも言える楽しい雰囲気，組織としての寛容と相互扶助，積極的参加と自律性・協同関係」[5]等である。

　支持的風土の学級では「一人ひとりが互いに公平にかかわりを持ち，どの子が発言しても，耳を傾け，認めようとする。友達が困っていれば，支えよう，助けよう，聴こうという雰囲気が学級内に作られる。共通の目標に向けて努力し高め合おうとする雰囲気」[6]があり，一度「支持的風土が出来あがると，学級の中で起きる誤りや失敗等については，温かく見守り注意できる子どもが育ち，学級が一つになろうとか，まとまろう，高め合おうといった協調性が生まれる」[7]のである。

表　支持的風土と防衛的風土

支持的風土	防衛的風土
仲間との間に自信と信頼がみられる	仲間との間に恐怖と不信がみられる
何でもものの言える楽しい雰囲気が漂っている	攻撃的なとげとげしい雰囲気がある
組織として寛容と相互扶助がみられる	組織として統制と服従が強調される
他の集団に対して敵意が少ない	戦闘的で地位や権力への関心が強い
組織や役割が流動的である	目的追求に操作と策略が多い
目的追求に対して自発性が尊重される	党派的分裂，班と班との対立，競争関係がある
積極的参加がみられ，自発的に仕事する	保守的で他律性が強い
多様な自己評価が行われる	
協同と調和が尊重される	
創造的な思考と自律性が尊重される	

山﨑英則・南本長穂編著『新しい特別活動の指導原理』ミネルヴァ書房，2017年，p.141をもとに作成

　「防衛的風土」[8]の学級では「友達の誹謗中傷などを意識し，多くの学習場面で，どの子供も萎縮し，意欲的な活動が少ない。教師の発問に対しても，反応が希薄になることが多い。特に小学校高学年から中学・高校で見られる。

　静かに学習しているように見えても，互いに牽制し合い，誹謗中傷されないように自分の身を守る意識」[9]が働き，その結果として思いやり・感動する心・豊かな心は育まれないのである。

　支持的風土をつくる教師には，①相手を思いやり，児童生徒の多様性を認め，許容し支持できるような発言や態度で接し，②児童生徒の発言や態度を承認し評価することを日常的に実践することが必要である。児童生徒には①相手の立場に立って相手の思いをくみとる態度，②相手の考えや行動の中に長所を探し，欠点を指摘するよりも長所を伸ばそうとする態度，③相手の失敗を馬鹿にしない態度，④自由な発想や創造性を大切にする態度等を育てたい。

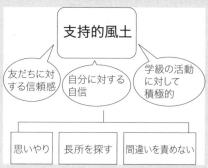

池田勝「友だちとのかかわり合いを重視した授業づくりを基礎とする学級経営のあり方」高知県教育公務員長期研修生研究報告，2006年

〈注〉
1，2，5　新富康央「どの子も安心できる学級——『支持的風土』づくりのポイント」『児童心理』2014年4月号（No. 983），金子書房，2014年，p.1
3　全米教育学会編『学習集団の力学』黎明書房，1967年，p.144
4　片岡徳雄『支持的学習集団の形成』明治図書，1974年，p.14
6，7　矢野正・宮前桂子『教師力を高める学級経営——学級経営の極意と崩壊からの復帰法』久美，2011年，p.22
8　前掲書3，p.146
9　前掲書6，p.21

コラム⑨　いじり・からかい・いじめ

　いじり・からかい・いじめは重複する点等があるため，その差異はあいまいであり個人や関係性によってもその境界線は異なり，明確に認識することや可視化することは困難である。吉澤英里ら（2013）や望月正哉ら（2017）の研究を参考に，いじり・からかい・いじめの区別化といじり・からかい・いじめをする側目線での境界線の可視化を試みた。

　いじり・からかい・いじめをする側（実行者）とされる側（対象者）には意識と認識のズレがある。する側が「大したことがない・ふざけているだけ・相手が悪い」と考えていても，される側が心身の苦痛を感じるようであればそれはすべていじめである。される側は傷ついているのである。

表　いじり・からかい・いじめの区別

いじり	からかい	いじめ
弄る もてあそぶ。おもちゃにする。ほしいままにする。たわむれる。あなどる。なぶりものにする。	揶う はぐらかす。ちょっかいをかける。冗談を言う。いたずらをする。	虐める・（苛める） しいたげる。そこなう。むごくあつかう。むごい。わざわい。
面白半分に，いじめたり，からかったりする。	相手が困ったり怒ったりするようなことをして面白がる。揶揄する。	弱いものを苦しめ，痛めつける。つらく当たる。さいなむ。
嬲る（なぶる）：責めさいなむ。いじめる。からかい，ひやかす。ばかにする。	冗談を言ったり困らせたりして，人をなぶる。じらし苦しめる。	いじめること。
対象者と実行者との間に好意や愛情がある。	実行者には悪意はないが相手をバカにする行為であり，対象者は不快感を持つ。	実行者に悪意があり，対象者は不快感を持ち，さらに継続的に行われる。
他人をもてあそんだり，困らせること。	他者に向けられた攻撃行動・問題行動。	受け手に苦痛や不快感情を生じさせる。
親しい関係のなかで行われ，受け手の身体的特徴や行動に関する言語的な反応，指で突くといった非言語的な反応，無視をするといった反応・行動がみられる。ときに関係を深化させる肯定的な反応だけでなく，関係が悪化するような否定的反応につながることもある。	受け手の容姿，行動，人間関係，趣味などがあり，基本的に否定的なもの。 送り手が遊戯性を含めることで攻撃性や悪意を低く伝える特徴もある。対話者同士の心理的な結束が強くなるにしたがって，攻撃的であっても「自分はあなたをからかえるほど親しみを感じている」という間接的メッセージを含むため，相手に心地よさを感じさせる機能がある。	一定の人間関係のある者から，心理的・物理的な攻撃を受けたことにより，精神的苦痛を感じているもの。 児童生徒に対して，当該児童生徒が在籍する学校に在籍している等当該児童生徒と一定の人間関係にある他の児童生徒が行う心理的又は物理的な影響を与える行為であって，当該行為の対象となった児童生徒が心身の苦痛を感じているもの攻撃を受けたことにより，精神的苦痛を感じているもの。
からかいやいじめの言い換えである可能性もある。からかいやいじめと共通の特徴を持つ可能性がある。		
第三者がいじりという行動を好意や親密性に基づくという認識をもったとしても，受け手は表面上はいじりだと同意していたとしても，実際の認識はより否定的である可能性がある。	受け手の怒りを引き出す挑発性を含むとともに，親しみの感情を伝える遊戯性をもった行動。	いかなる理由があったとしても，絶対に許容されるものではない。

　青年期の特徴の一つでもある「偽りの自己行動」は，場の雰囲気を壊したくないから等で「いじられキャラ」を無理に演じることもある。本当の自分ではない自分を演じ，笑ってごまかし続けることは本当に辛いことである。

　いじりには，「誰も傷つかない，いじられるとうれしい，いじられたいときだけいじってくれる，いじられる側がコントロールするもの，いじる側といじられる側がWin-Winの関係」等の考えもあるようだが，境界線はわかりにくく，いつでもどこでもいじりのつもりがいじめに変化する可能性がある。

　したがって，相手に不快な思いや感情を抱かせるリスクのあるいじりやからかいによるコミュニケーションは不要であり，いかなる理由があっても相手が心身の苦痛を感じるような事は絶対に許してはいけないのである。

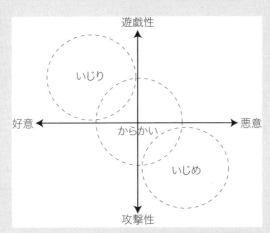

図　いじり・からかい・いじめをする側目線での境界線

〈参考文献〉

日本弁護士連合会・子どもの権利委員会編『子どもいじめ問題ハンドブック』明石書店，2015年

望月正哉・澤海崇文・瀧澤純・吉澤英里『「からかい」や「いじり」と比較した「いじり」の特徴』大阪大学大学院人間科学研究科対人社会心理学研究室，対人社会心理学研究第17巻，2017年

吉澤英里・瀧澤純・望月正哉・澤海崇文「いじり・からかい・いじめの差異について」日本教育心理学会第55回総会資料，2013年

コラム⑩　小中連携　兼務辞令は中学校区の 「ひと」と「情報」をつなぐパスポート

　鳥取市では，市内の全17中学校区に「中学校区兼務教員」を配置している。一般的に，兼務教員の活動内容は，中学校教員が校区内の小学校に行き，次年度に中学校への入学予定者である小学6年生を対象に授業のみをする。

　しかし，鳥取市では，兼務教員である中学校教員が毎週校区内の小学校に行き，小学1年生〜6年生までの全学級を対象に授業をするのみではなく，職員会議等にも参加する。そして，小学校の先生方と積極的に意見交換をし，卒業生の中学校での様子や中学校での生徒指導観などを伝えている。さらに，小学校の先生方から得られた「情報」を自校（中学校）の先生方に提供をしている。このような働きかけを継続したことで，小中学校の垣根が低くなり，中学校での学校不適応や学習意欲の低下が解消され，小学校での生徒指導の質が向上し，対症療法的ではなく，予防的な生徒指導が進められるようになっている。

　なお，鳥取市では平成28年度より小学校教員に兼務辞令を発令し，中学校区内の他の小学校を兼務し，小学校段階で課題解決に向けた共通実践を進めている。

　鳥取市では，兼務辞令により，各中学校区では9年間のスパンで子どもを育てようという意識が醸成されてきている。

第5章

中学校

第1節　中学生の理解と学級運営

1．生徒理解

　ブロス（Bros, P., 1962）は，小学校高学年（10〜12歳）を前青年期，中学生（12〜15歳）を初期青年期，高校生（15〜18歳）を中期青年期，大学生（18〜22歳）を後期青年期，社会人（22〜26歳）を後青年期と5期に分類している。

　WHO（1970）は思春期を「身体的には第二次性徴の出現から性成熟までの段階まで」と定義し，佐藤仁美・西村善文（2013）は時間軸に基づいた思春期と青年期を図5-1のように表している。

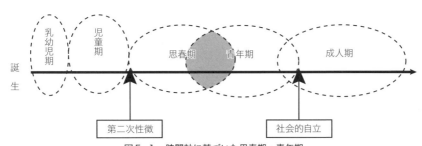

図5-1　時間軸に基づいた思春期・青年期

佐藤仁美・西村善文（2013:10）をもとに作成

　思春期と青年期にまたがる中学生は，仲間関係が人間関係の中核となる一方で，他者とは異なる独自の内面にも目を向けはじめ，自分の意識と客観的

な事実との違いに葛藤しながら生き方を模索しているのである。また親子間のコミュニケーション不足や大人への反抗的な態度，仲間同士の評価を非常に意識する反面，他者との交流に消極的な傾向もみられる。

　思春期には，ホルモン分泌等が影響することで性的成熟がはじまり，男性らしさや女性らしさが現れ，性意識や異性への関心も高まる。個人差も大きく，不安や動揺等から心身のバランスが崩れ，思春期危機（一過性の精神変調・行動異常）が現れることがある。

　中学生にはその他にも以下のような特徴がみられる。

①教師との距離感に戸惑う

　教科担任制・校則・人間関係の影響でいわゆる「中1ギャップ」が生じやすい。

②抽象的思考の発達

　知的な能力が高度化し，自分の思考過程を自覚・制御できるようになり自己理解が進む。

③時間的展望や将来展望が成立する

　将来への見通しを持って物事が考えられ，目的や手段の認知が発達し，人生の目標形成や人生設計ができるようになる。

④自我同一性の芽生えと第二次反抗期

　自分とは何かを問い，模索するようになる。自己同一性を確立することが重要課題。自我が目覚め自律的な自己主張をするため，子ども扱いや干渉することに反抗的な態度を示す。

⑤精神面で不安定となり心の問題が起きやすい

　抑うつ気分（悲しい・憂うつ）傾向がみられ，生物学的・心理的・社会的・身体的な諸要因が複雑に関連。中学生の20％以上が抑うつ気分を訴え，女子に高い傾向。自己や他者への意識が高く，特に女子では他人に合わせ

てしまう「偽りの自己行動」もみられる。

⑥14 ～ 16歳で非行行動がピークになる（警察庁, 2009）

　要因には, 親の不安定, 躾, 虐待等, 社会的に逸脱した友人, 自己統制の低さ・学校不適応等があり, 中学生で非行行動が出現しやすい。

⑦性的成熟がもたらす影響

　性的成熟がもたらす影響には個人差や男女差があり, 女子のほうが受け入れ困難。身体像の自己評価は女子の小４～中学１・２年で低下。外見の変化に対する葛藤や痩せ志向から摂食障害になる場合がある。

⑧仲間関係が変化する

　男子は遊ぶ関係から相互尊重する関係へ, 女子では共通点や類似性でまとまる関係から排他的・閉鎖的な関係に変化。仲間関係の機能は, 対人関係能力の学習や情緒的安定化, 自己形成のためのモデルとなる。

⑨社会に向けた第一歩を踏み出す

　精神的に親から独立しようとする心理的離乳がはじまり, 親から分離し, 同年代の仲間集団での交流がみられる。

　中学生の特徴を踏まえ, 生徒の健全な成長や発達を支援するためには, 生徒の身体能力, 知能・学力, 性格・趣味・不安や悩み, 交友関係や家庭環境, 基本的な生活習慣等の情報を把握する必要がある。これらの情報を収集する方法には, 生徒から直接収集する観察法, 面接法, 質問紙法, 検査法, 作品法, 事例研究法等がある。また教職員・養護教諭・保護者・地域・異種学校の教職員・医師・警察官等からも情報を収集することもできる。これらの情報を多面的かつ総合的に解釈し, 生徒を深く理解することが求められている。

　生徒が自己理解をするためのプログラムやその水準は以下のように分類することができ, 教師は生徒の実態に応じて実施することが望ましい。（表5-1）

表5-1　自己理解のレベルによる分類

意識レベル	深層レベル	行動レベル
参加者が意識している問題	必ずしも意識されていないが要求や知性に大きく関与するレベル	実際にどう行動するか，できるかを問題とするレベル
日記・手紙等，自己年表づくり 質問紙検査（YG・エゴグラム等） 内観法 構成的グループ・エンカウンター ＴＡＰ	投影法的検査 20の私，バウムテスト等 ＲＣＲＴ，作品づくり 描画，コラージュ ＴＡＰ	行動傾向（対処法方略等） ロール・プレイ ＴＡＰ

村瀬嘉代子他（2000:39）に筆者が一部加工

2．学級運営

　学級は，各教科等の授業を受ける場であり，また生徒の学校生活の基盤をなす場である。学級担任は生徒の個性や交友関係，家庭事情等を学校生活から把握する必要があり，自分の専門教科や特別活動等を通して積極的に生徒とかかわり，信頼関係を構築しながら一人ひとりの理解に努める必要がある。

　国立教育政策研究所生徒指導研究センター（平成22～23年度）が実施した調査[1]（小5～中3対象）では，「学校を休みたいと思うときがある」と感じている中学生は40～50％いることが判明した。その生徒達は「学校が楽しくない・授業がわからない」ことと相関性があり，不登校の新規出現率を減少させるためには，楽しい学校やわかる授業づくりが重要である。また中学生は「積極的に自分が好き」と回答した割合は10％以下であり，学校での教育活動全体を充実させ，生徒の自己肯定感や自尊感情を高める必要がある。

　中学校では，問題行動の多様化・複雑化・深刻化が進行し，規範意識の低下等が深刻な状況にあり，中学生の特徴を理解し，個の育成と規範意識の向上のために集団の育成が必要である。そのためには，生徒自身が規範を守ることの重要性に気づき，認識した上で行動できるような機会が必要であり，体験学習等を通して「指導」と「支導」のバランスをとった学級運営が求められるのである。こうした学級での経験が，人の役に立ち，感謝され，他者に喜んでもらえた等の自己有用感を育てるのである。

　また，国際化により異文化をもち異なる母語を使用する生徒，発達障害を持つ生徒，経済的な困難を抱えている生徒等も増加傾向にあり，その特性やニーズを的確に把握し，理解した上での学級経営が求められている。

　生徒指導は，問題解決的な指導だけではなく，生徒自らが行動の適否を判断し，自ら好ましい行動ができるように生徒の内面に変化を起こすためにある。学級運営では，生徒が課題に対して自分なりに意味づけや工夫を加え，主体として能動的に行動することや社会に適応する自律した人間を育成することを目指したいものである。そのためには学級に心の居場所「そこに居ると気持ちが安らぎ，励まされ，元気がでてきて自尊心が高まり，ほかの人への思いやりの気持ちも湧き上がる場所」[2] が必要であり，教師は生徒が心身ともに安心・安全で，安定的に帰属できる学級づくりをする必要がある。（コラム⑦p.94，⑫p.154参照）

第2節　学習指導における生徒指導

1．学習指導と生徒指導との関連性

　生徒にとって学校生活の中心は授業である。各学校は法規や教育課程編成の基準である「学習指導要領」，教育委員会の示す規則等に従い，教育課程を編成し授業を行う。「中学校学習指導要領」では，総則，各教科，特別の教科 道徳，総合的な学習の時間及び特別活動について，それぞれの目標や大まかな教育内容を定めている。各学校は「学習指導要領」等をもとに，生徒達の姿や地域の実情等を踏まえ，主体性をもって教育課程を編成する。

　生徒指導に関しては，文部科学省「中学校学習指導要領解説　総則編」(2017年) において，生徒の発達を支える指導の充実と題して，「生徒が，自己の存在感を実感しながら，よりよい人間関係を形成し，有意義で充実した学校生活を送る中で，現在及び将来における自己実現を図っていくことができるよう，生徒理解を深め，学習指導と関連付けながら，生徒指導の充実を図ること」としている。しかし，他の教科等のように章や節として「学習指導要領」の中に「生徒指導」としてまとめ，記載されているわけではない。それは，例えば，「生徒指導提要」(2010) では生徒指導について，「生徒指導は

学校の教育目標を達成する上で重要な機能を果たすものであり，学習指導と並んで学校教育において重要な意義を持つ」としているように，特定の教科，領域や活動の中で実行されるわけではなく，教育課程の内外で，学校の教育活動全体を通じて充実を図っていく必要があるとされている。

学校教育を自動車に見立て，学習指導と生徒指導がその両輪であると表現されることがある。両輪は決して独立して動くのではない。片輪が回転を速めれば，もう一方も速くなる。片輪が回転をゆるめれば，他方も当然連動し回転が弱まる。この例えのように，学習指導と生徒指導は，相互に深くかかわりながら生徒を成長させる。「行動面で安定したから，学習の成果が上がった」，「学習への意欲を示すようになって，随分と落ち着いた」等の事例は数多くある。それも生徒一人ひとりの変化にとどまらず，学校全体の変貌となって表れることも珍しいことではない。次にある事例を示すことにする。

> A中学校では，数年前から生徒による暴行，傷害や器物損壊行為が続いてきた。2年前には，生徒間での一方的な暴力事案や対教師暴力案件が多発した。ガラスの破損やトイレのドアを蹴破る行為も多く，コンクリート製の壁に穴が開くこともあった。教職員は夜間，生徒の帰宅後に補修に追われる日々が続いた。授業時間中であっても，上級生を中心に学校全体が落ち着かず，3年生では約1割の生徒が授業エスケープを繰り返した。このような状況は下級生にとって良い影響を及ぼすわけがなく，理由を付け授業中にトイレや保健室に行くエスケープ予備軍も目立った。校外においても，公園等で飲食の後片づけをしない，夜間でも大声で奇声を発するなどのマナーに関することや，喫煙，水道の蛇口を破断するなど法に触れる行為があり，地域住民からの苦情が絶えなかった。教職員は肉体的にも精神的にも追い込まれ，疲弊しきってしまった。このような状況の中で，教師への暴力行為により3名の生徒が逮捕された。

現在のA中学校を訪問すると，生徒は整然と授業に参加している。授業をエスケープする生徒を見かけることはない。授業中に廊下等を教職員が巡回している場面に遭遇する。しかし，教職員の様子からは緊迫感や疲労感を読みとることができず，にこやかな会釈が印象的である。休み時間や放課後

は，生徒からのあいさつが心地よい。この２年間にＡ中学校では何があったのだろうか。何が生徒や学校を変えたのであろうか。

　数年前のＡ中学校では事案発生の後処理に追われていた。指導ができるうちはまだよかったが，やがて，指導の途中で新たな課題が発生するなど，教職員は改善の兆しが一向に見えない状況に，教科指導を含めた教育活動全体についての意欲が大きく減衰していった。当時のことを振り返り，ある教職員は出口の見えないトンネルの中にいるようであったと表現した。しかし，何らかの手立てを打たないことには改善を望めないことは自明の理であった。

　そこで，まずは全生徒と教職員による個別面談を行うこととした。面談の順番を決めて実施しようとしても，自分には必要がないとして逃避する生徒も多かった。そのようなケースでは，学級担任に限らず当該生徒と関係性を持つ教職員が，仮に短時間であっても廊下の片隅であっても面談を行い，生徒の考えを聴くこととした。

　面談の結果多くの生徒から出されたのは，学習をがんばりたい，教職員には授業の充実を図ってほしい，進路について不安があるといった決意，要望や不安であった。

２．真っ先に取り組むべきは学習指導か？　生徒指導か？

　授業に参加している多くの生徒にとっても，エスケープを繰り返していた一部の生徒にとっても，求める内容や程度等は異なっても学業で達成感を得たいと考えるのは共通であった。学力が向上すれば，進路など先々に向けた目標を設定し取り組むことができる。Ａ中学校の教職員は生徒の活動時間の確保を最優先しながらも，学習指導に関して校内研修会を開くなど，わかりやすい授業実践を合言葉に取り組みを続けた。どの生徒にも学力の向上を保障したいと考えたためである。エスケープを繰り返していた生徒の中には，内容等が理解できないために授業には参加しないという者もいた。そこで，このような生徒には取り出し授業を行った。ほぼマンツーマンに近い形態で，個々の理解度に合わせた指導を行った。研修時間の増加や，新たに取り出し指導時間が発生することは，教職員にとって負担増であったことは確かである。しかし，生徒達の「わかった！」との発言やその際の満足気な表

情に加え，生徒達の学習への取り組み姿勢が徐々に変わってきたことで，教職員のモチベーションは高まった。その頃を思い出したある教職員は，生徒達の成長が実感でき，負担を感じたことはなかったと話していた。

　取り出し授業に参加した生徒は，つまずきに合わせて小学校の内容から学習に取り組んだ。その結果，エスケープの生徒は減少し，問題行動も激減したのだった。授業中の教室への生徒の出入りがほぼなくなったために，多くの生徒は落ち着いた雰囲気の中で集中して授業参加ができるようになった。

　教職員一人ひとりは研修等に基づき，わかりやすい授業実践を意識的に取り組んでいることから生徒の学力は着実に向上した。当該市が継続的に実施している学習状況調査からも，学力に関する有意なプラスの変化を読みとることができ，さまざまな面で相乗効果を生み出したのである。つまり，学業指導の充実が，生徒の学習に対する姿勢を変え，学校生活への意識を高め，さらには，教職員の有用感まで向上させたことになる。

　「生徒が落ち着いた状況にあり，整然とした学習環境がなければ学習効果は上がらない」等の潜在的カリキュラムに関する声を聞く。これは正論であり，秩序ある学習環境のもとで生徒が集中して授業に取り組むことができれば，より大きな学習効果が期待できるはずである。そのために，教職員は授業時の基本的な学習姿勢について「支導」を繰り返す必要がある。しかし，A中学校の例にもあったように，仮に整然とした環境とは隔たりがあっても，学ぶことの喜びや意義を生徒が理解できれば，必然的に理想とする環境に近づくはずである。

　内閣府「平成27年版子ども・若者白書（全体版）」（2009年）によれば，厚生労働省が調査した「子どもが現在持っている不安や悩み」に関して，「不安や悩みがある」と答えた中学生の割合は全体の70.8％で，その中でも，「自分の勉強や進路について」の不安や悩みを抱える中学生は60.0％（複数回答）となっている。中学生は思春期であるために不安や悩みが多いと推察されるが，友人，顔や体形，健康，異性についてよりも，学業等に関することを挙げる生徒が多い。つまり，学習理解度や成績にかかわらず，多くの生徒にとって勉強や進路は不安や悩みの種となる。そこで，学習時に生徒が意欲的に取り組むことができるような指導が重要であり，生徒一人ひとりを十分に理解

し，個に応じた指導を行う必要性がいっそう増すことになる。

　このような指導が，まさに「生徒支導」である。学級など生徒集団の実態を把握し，教育課程を実施・評価しながら実情に応じた改善を図る。観察や会話を繰り返しながら，個の特性や課題等への理解を深め，また，生徒一人ひとりの意欲を引き出すために創意工夫をこらす。このような取り組みが重要であり，そのために「生徒支導」が果たす役割はきわめて大である。

　学習指導と生徒指導とを自動車の両輪であると表現したように，生徒の成長を実現するには学習指導と生徒指導は，ともに欠くことはできない。また，学習指導の過程で生徒指導がなされることも，逆に生徒指導の場面で学習指導が行われることもあるなど，そもそも両者を分離し区別することは難しい。

　先のA中学校の例では，教職員が生徒の勉強や進路についての不安や悩みを察知し，学校を挙げた学習指導に反映させた。A中学校にとって，この取り組み全体が組織的な生徒指導であったと結論できる。このような実践が，わずか2年間でA中学校を見違えるように変えたものと確信する。

第3節　道徳教育と生徒指導

　2004（平成16）年長崎の小学校6年女子児童が同級生をカッターで殺害した事件や，特に2006（平成18）年以後，中学校におけるいじめによる自殺が多発したことなどから，生命を大切にする心や規範意識，情報モラル等の低下が指摘され，現在，それらの教育についての指導の充実が求められている。

　このような少年によるさまざまな凶悪な事件やいじめ等生徒指導上の問題が起こるたびに，道徳教育の充実を求める声が高まっている。「道徳の時間」が「特別の教科　道徳」（以下，道徳科）として教育課程上，新たに位置づけられるようになった背景には，いじめ問題の解決が課題として挙げられていた。では，これら生徒指導の問題と道徳教育とはどのような関係にあるのだろうか。（コラム⑨p.124参照）

1．生徒指導のねらいと内面の形成

「生徒指導の手引（改訂版）」（1981〈昭和56〉年，文部省）には，生徒指導として，「学業指導，個人的適応指導，社会性，公民性指導，<u>道徳性指導</u>，進路指導，保健指導，安全指導，余暇指導など」（下線は筆者）が挙げられており，生徒指導には，道徳性の育成（内面の形成）に関する指導が含まれている。

また，生徒指導は，問題行動への対応に関する指導に限定して捉えられがちであるが，「生徒指導提要」（2010）では，「生徒指導は，一人一人の児童生徒の個性の伸長を図りながら，<u>同時に社会的な資質や能力・態度を育成し，さらに将来において社会的に自己実現できるような資質・態度を形成していくための指導・援助であり，個々の児童生徒の自己指導能力の育成を目指すもの</u>」（下線は筆者）であると示されており，生徒指導本来のねらいからも，内面の形成が不可欠であることがわかる。

加えて，生徒指導が目指す「自己指導能力」は，「自己をありのままに認め（自己受容），自己に対する洞察を深めること（自己理解），これらを基盤に自らの追求しつつある目標を確立し，また明確化していくこと，そして，この目標の達成のため，自発的，自律的に自らの行動を決断し，実行すること」（「生徒指導の手引（改訂版）」）であり，この「自発的，自律的に自らの行動を決断し，実行する」ためには，自らの価値観を形成していかなければならない。人は，自らの価値観によって，自らの生き方を選び，場面に応じて自らの行動を決定するが，もし，公正で，多面的・多角的な判断ができるような価値観が十分育まれていなかったとしたら，どうなるであろうか。

昨今の青少年による凶悪な事件や，いじめ，不登校，暴力行為等，さまざまな生徒指導上の問題の根底には，青少年を取り巻く環境の問題だけではなく，その内面の形成が十分図られていないことが大きく影響していると考えられる。

2．道徳教育のねらいと道徳性の育成

学校における道徳教育の目標は，教育基本法及び学校教育法に定められた教育の根本精神に基づいて設定されている。言うまでもなく教育基本法や学

校教育法は，日本国憲法に掲げられた民主的で文化的な国家を建設し世界の平和と人類の福祉に貢献する国民の育成を目指す，我が国の教育の在り方を示したものである。そのことを実現する中核となるのが道徳教育であり，そのために特に重視しなければならないことが目標として示されている。

2015（平成27）年「学習指導要領」（一部改正）において，道徳教育の目標は，「自立した人間として他者と共によりよく生きるための基盤となる道徳性を養うこと」と規定し，学校における道徳教育の役割が「道徳性の育成」にあることを明示している。そして，道徳教育の要である「特別の教科　道徳」においては，「道徳的な判断力，心情，実践意欲と態度」を育成することが求められている。そして，そのねらいの達成に向けて，具体的には，小学校低学年19項目，中学年20項目，高学年22項目，中学校22項目の内容が示されており，それらの内容について，「特別の教科　道徳」はもとより，各教科や外国語活動，総合的な学習の時間，特別活動などにおいてもそれぞれの特質に応じた適切な指導を行うことが求められている。特に要である「特別の教科　道徳」においては，一人ひとりの生徒が，自らの人生をよりよく生きていくための価値観を自分自身において育むことができるよう指導を工夫し，その充実を図る必要がある。

3. 「成長促進型の生徒指導」としての道徳教育の推進

道徳教育も生徒指導も，いずれも学校における教育活動全体を通じて行われるものであるが，道徳教育は生徒の価値観の形成を直接のねらいとするものであるのに対して，生徒指導は生徒一人ひとりの具体的な日常生活の問題について援助し指導する場合が多いというそれぞれの特性がある。

中学校段階になると，小学校段階に比べて，生徒指導上の問題が量的にも質的にもより深刻化してくる。そのため，学校現場においては，どうしても問題対応に追われることになりがちとなる。

しかし，このような対症療法としての生徒指導（課題解決的な指導）では，問題対応に追われ，生徒を健全に育てていくという本来の教育としての機能を十分に果たすことができず，場合によっては，より深刻な状況をもたらすことにもなりかねない。そこで，道徳教育と生徒指導，相互の関係をさらに

一歩進めて,「特別の教科　道徳」(以下,道徳科) を要とした道徳教育のいっそうの推進を図り,道徳性の育成 (内面の形成) に支えられた「成長促進型の生徒指導」を展開することが求められている。

　特に,生徒指導上の問題の防止や解決につながる道徳性を育む上で,道徳教育の要となる道徳科の指導の充実を図ることは重要であり,今回の教科化によってその役割を果たすことがいっそう期待されている。

　図5-2は,「人権学習」をテーマとしていじめ問題の解決を目指した「教科等横断型」の道徳教育の実践例であり,これから求められる道徳科を要とした道徳教育の実践の在り方を示したものである。

　道徳科においては,「学習指導要領」に示された22の内容項目について,年間35時間の授業を実施することになっている。ただ,一つのテーマ (主題) について一つの教材で学ぶ「1時間1主題」の授業だけでなく,図5-2で示したような,要としての道徳科の授業 (A) を中心に,生徒会活動 (B)・集会活動「人権集会」(C)・学年団集会 (D) などの特別活動や,車いす体験などの総合的な学習の時間 (E) 等との関連及び家庭や地域社会との連携を図った「教科等横断型」の指導が,いじめ問題の解決につながる効果的な指導として,今後いっそう重視されるものとなろう。

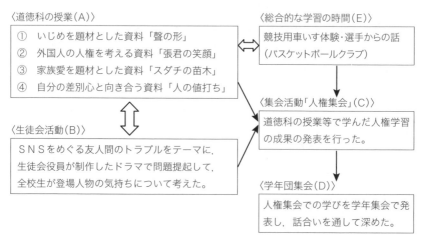

〈道徳科の授業(A)〉
① いじめを題材とした資料「聲の形」
② 外国人の人権を考える資料「張君の笑顔」
③ 家族愛を題材とした資料「スダチの苗木」
④ 自分の差別心と向き合う資料「人の値打ち」

〈生徒会活動(B)〉
ＳＮＳをめぐる友人間のトラブルをテーマに,生徒会役員が制作したドラマで問題提起して,全校生が登場人物の気持ちについて考えた。

〈総合的な学習の時間(E)〉
競技用車いす体験・選手からの話 (バスケットボールクラブ)

〈集会活動「人権集会」(C)〉
道徳科の授業等で学んだ人権学習の成果の発表を行った。

〈学年団集会(D)〉
人権集会での学びを学年集会で発表し,話合いを通して深めた。

図5-2　「人権学習」をテーマとした「教科等横断型」の道徳教育の実践
香川県高松市立香東中学校の実践事例をもとに作成 (七條正典,作成)

第4節　キャリア教育と特別活動

1．はじめに

　中学校段階では，キャリア教育上の特徴は，自我の目覚め，独立の欲求，人間関係の広がり，社会の一員としての自分の役割や責任の自覚，自らの人生や生き方への関心の高まり，自分の生き方の模索，夢や理想，現実的な進路の選択，自分の意志と責任での決定といった特徴を持つ時期でもある（文部科学省，2011b：26）。キャリア教育の視点からは，中学生が自己の生き方を選択していく時期として期待を持ってみられている。

　生徒指導上の特徴は，部活動や高校受験のストレス，具体的操作期から形式的操作期への移行，時間的展望の発達，身体像（ボディ・イメージ）についての自己評価の低下を抱える時期とされている（文部科学省，2010：59-67）。生徒指導の視点からは，暴力行為，いじめ，不登校などの生徒指導上の諸問題の要因を探る見方がなされている。

　「学習指導要領」の解説からみる特徴は，人間としての生き方を考える時期であり，教育課程外の学校教育活動や地域の教育活動などにかかわっていく時期であり，自我に目覚めて自ら考え主体的に判断し行動することができる時期であるとされる（文部科学省，2017b）。小学校と比較した中学校の特別活動の特徴は，学級活動については継続されること，児童会活動については生徒会活動と名称が変更されること，クラブ活動はなくなり，類似の機能を課外の部活動が引き継ぐこと，学校行事は継続されることなどである。（コラム⑪p.152参照）

2．中学校のキャリア教育と特別活動の関係

（1）中学校のキャリア教育

　中学校のキャリア教育はキャリア発達段階としては「現実的探索と暫定的選択の時期」とされる。生徒指導上の特徴として部活動選択や高校選択などを挙げたが，それらを現実的に探索して決めていくこととなる。部活動は高校で再度選択の上入部の機会があり，進学や就職についても高校卒業時に再

度選択の機会がある。そのため，暫定的に自己の生き方を選択する時期といえる。

　この時期のキャリア発達課題は四つあり，「肯定的自己理解と自己有用感の獲得」，「興味・関心等に基づく勤労観・職業観の形成」，「進路計画の立案と暫定的選択」，「生き方や進路に関する現実的探索」（文部科学省，2011b：115）である。自己有用感は学級，学校，地域社会などへの「社会参画意識」を通して「社会の形成者」としての意識を持つことによって獲得できる。進路計画の立案や生き方・進路に関する探索は「キャリア・パスポート」を活用すると「進路指導」の成果として記録に残せる。

　中学校3年間を見通して各学年で具体的なキャリア発達課題を設定することになるが，その際，キャリア教育の基礎的・汎用的能力の「人間関係形成・社会形成能力」については，1年生で個性の理解，2年生で他者への影響，3年生で人間関係の円滑化といったように，系統的に指導することが望まれる。「自己理解・自己管理能力」であれば，1年で自他の違いへの気づき，2年で社会の一員としての自覚，3年で社会の一員としての義務と責任といった系統的指導がある。「課題対応能力」であれば，1年でグローバル化の理解，2年でグローバル社会の中での課題の発見，3年でグローバル社会での自己の生き方の選択といった例が考えられる。「キャリアプランニング能力」であれば，1年で将来への夢やあこがれ，2年で夢の実現のための課題に直面する，3年で困難の克服のための努力といった系統的指導が考えられる。

(2) 中学校の特別活動

　中学校の特別活動は学級活動，生徒会活動，学校行事であるが，それぞれの中でキャリア教育と関連が深いものを紹介してみよう。まずは学級活動について，小学校と同様に中学校でも（1）が学級会的な特徴を持つ内容，（2）が生活指導的な特徴を持つ内容，学級活動（3）が「一人ひとりのキャリア形成と自己実現」であるのでキャリア教育である。特に（3）の「社会生活，職業生活との接続を踏まえた主体的な学習態度の形成」，「社会参画意識の醸成や勤労観・職業観の形成」，「主体的な進路の選択と将来設計」はそれぞれ，

キャリア教育の要素を持っている。図にすると図5-3のようになる。

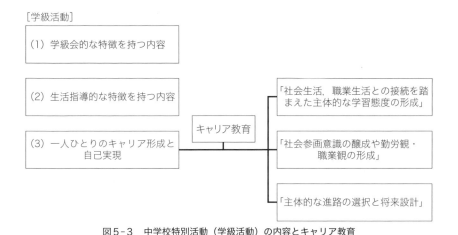

図5-3　中学校特別活動（学級活動）の内容とキャリア教育

（林尚示，作成）

　生徒会活動はキャリア教育との関連は大きくはないものの，「委員会活動」などでは「人間関係形成・社会形成能力」の育成が見込める。学校行事は学級活動と同様にキャリア教育の要素を多く含んでいる。学校行事は儀式的行事，文化的行事，健康安全・体育的行事，旅行・集団宿泊的行事，勤労生産・奉仕的行事に分けられる。これらのうち勤労生産・奉仕的行事で行われる職場体験活動は，「学校教育全体として行うキャリア教育の一環として位置付け，自己の能力・適性等についての理解を深め，職業や進路，生き方に関わる啓発的な体験が行われるようにすることが重要である」（文部科学省，2017c：98-99）とされている。

3．中学校のキャリア教育と特別活動のまとめ

　キャリア教育は学校教育全体を通して実施されるものである。しかし，特別活動に着目すると，各活動の中では特に次の特徴を持って実施されていることがわかった。（コラム⑬p.156参照）

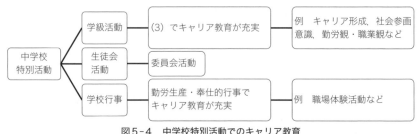

図5-4　中学校特別活動でのキャリア教育

（林尚示，作成）

第5節　特別支援教育と生徒指導

　中学校へ進学すると，大きく変化する。支援を必要とする多くの生徒は潜在化してしまう。自分の困り感を教師にも友人にも伝えることなく，淡々とした学習状況になり，登校しぶりや不登校等への移行も想定される。一方，社会参加へ向けて，より主体的な調整能力が求められる。特に自分には難しくて困っていることはしっかりと認識し，それを補う手段について周囲の理解を得て，自力で調整することが求められる。小学校のときのように，教師の主導で環境の調整をしてもらうのではなく，自らが主体的に行うことになる。具体的には，書字に困難があることを教師や仲間に伝え，PCを活用しノートをとることを共通理解できるように調整するといったことである。したがって，この時期は「定期的な個別面談」が重要となる。

　図5-5の「特別支援教育と生徒指導」の就学前から高等学校卒業後までの全体的流れと生徒指導のキーワードを改めて確認し，中学校の対応について述べる。

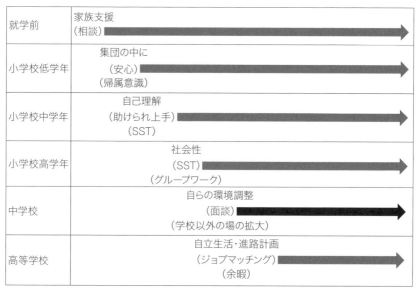

就学前	家族支援 (相談)
小学校低学年	集団の中に （安心） （帰属意識）
小学校中学年	自己理解 （助けられ上手） （SST）
小学校高学年	社会性 （SST） （グループワーク）
中学校	自らの環境調整 （面談） （学校以外の場の拡大）
高等学校	自立生活・進路計画 （ジョブマッチング） （余暇）

図5-5　「特別支援教育と生徒指導」の一貫性とキーワード

（安藤正紀，作成）

　中学校へ進学すると生徒達の様相は大きく変化する。学習，人間関係，行動，コミュニケーション等での悩みが内在化してしまう。また，小学校のときのように教師が主導して学級の環境調整をすることも難しくなる。生徒によっては，自分の困り感を認識することもなく，大人になってしまうこともある。困り感をしっかりと認識し，それを補う手段について，周囲へ理解を求め共有できるようになる主体的な調整能力が必要になる。例えば，「ぼくは書字に相当のエネルギーを必要とします。PCを活用して，ノートをとりたいのですが，よろしくお願いします」と発言することである。

　逆に，教師はその困り感に気づいて「支導」を模索しているが，本人へのアプローチが難しく，支援実施に至らないような場合も考えられる。登校しぶりや不登校等への移行も想定される。そのためには以下の2点が指導のヒントになるかもしれない。

1．「定期面談」の活用

　学習や生活で起こる悩みを丁寧に共有認識し，支援策を共に考えるためには面談を頻繁に実施することが考えられる。もちろん，各教科，各教師による観察が重要である。例えば，学習障害で「書き」に障害がある生徒は板書を写すことが時間をかけても難しく，乱雑である。生徒はそのことに気づかれないように必死に学習を進める。教師は，その生徒の悩みに気づいてはいるが対応できずにいることがある。そのようなときには，生徒との信頼関係の構築と十分に時間をかけた個別面談が必要となる。そこで，生徒は自己認識を深め，そして具体的な解決策を教師の支援の下，得ることとなる。

2．「ピア・サポート」

　この年代では，周囲のクラスメイトが重要な援助資源になることは，カナダのピア・サポートの実践が証明している。つまり，この年代ではいわゆる定期の個別面談に終わらせることなく，グループ面談の活用を積極的に進めるべきと考える。

　以下のようなグループ面談が考えられる。

　①関係する生徒達のグループで相談する。
　　同じ悩みを持つ生徒達や，加害者や被害者等が協働して問題を解決するためのアプローチ。

　②気になる生徒のことを周辺の生徒に相談する。
　　本人や周辺の生徒達の気づきを促すアプローチ。

　③生活グループで相談する。
　　相互に相談し合い，自己開示や他者受容を促すアプローチ。

3．学校以外の居場所の発見と拡大

　上述の面談等を活用しながら，情報（地域のサッカーチーム，ボーイスカウト活動，塾などから）を収集して，本人が安心できる居場所が地域にある

かどうか確認する必要がある。また，本人が安心できる居場所を見つけ，つなげることも生徒指導の一つになる。地域には本人への援助資源がある。このような取り組みはひきこもりなどへの移行の予防的対応と言える。

第6節　校内・保護者・地域・関係機関との連携と生徒指導

1．連携にあたって教職員が心がけること

　生徒指導に限らず何らかの取り組みの際には，まず事前調査として，その件に関する資料等を収集し，発展性や方向性への検討，さらには課題となりそうな要件の精査を行う。例えば飲食店を開店しようとしたら，人や車の往来，近隣住民の人口や年齢構成などの立地条件や，予想される客層が求めるメニューや価格等を十分に調査した上で，構想を練り出店準備に取りかかるのが通例である。生徒指導も同様の過程を経るのが望ましく，生徒に関する行動傾向や特性などの情報を最大限に集めることが肝要である。しかも，多方向からさまざまな視点に立つ情報が収集されれば，生徒理解を深める上で貴重であり，より正確な生徒像の把握に役立つ。これを仮に質の良い情報と定義すると，質の良い情報があれば，ねらい通りの指導成果を上げやすくなる。

　生徒達のさまざまな活動場面から，質の良い情報を収集し集約するためには，学校内だけではなく，外部の多くの人々との連携が不可欠であり，学校と保護者，地域，関係機関等の間で，目指す生徒像を共有するなど，日頃から相互理解を深めておくことが重要となる。関係性が強まれば，実際の指導場面でも役割を分担し，行動連携にも発展できる。また，多くの人がかかわり協働することは，生徒のより健やかな成長を実現しやすくする。

　行動連携を意識し学校を中核とする生徒指導体制づくりを進めることは，多くの効果が期待できる。このような仕組みがなければ，今日では生徒の健全育成を図ることは非常に難しいとも言える。ではどうしたら体制づくりが可能であるのか。

　学校外の人材や組織で，チーム学校を構成すると考えられるのは，保護者やPTA，町内会・自治会長，子供会・青少年指導員・スポーツ推進委員・少年補導員・保護司ら青少年健全育成団体関係者，民生委員・児童委員・主

任児童委員ら社会福祉団体関係者，教育委員会，市役所，警察署，児童相談所，医療機関等の関係者などである。学校は案件に応じて，関係する組織や人とかかわることになるが，結局，実働するとなると人と人とのつながりが基本となる。つまり，学校の課題等の解決を目指すのであれば，チーム学校の構成団体に働きかけ，協働してもらえる人を見つけ出すことがきわめて重要である。

　校長や生徒指導主事はこれら関係機関との会議や打ち合わせに参加する機会がある。他の教職員はこの種の会合に参加することはまずない。それでは，関係機関との生徒指導体制づくりは，校長や生徒指導主事に任せておけば十分であるのか。連携の対象やその持ち方等を判断するのは校長であり，相手側に協働を依頼するのは，校長，管理職や生徒指導主事である。しかし，PTA等保護者組織，青少年健全育成団体や社会福祉団体等の相手側の組織や機関の代表者からの賛同を得たところで，具体的に行動するのはそれぞれの組織に所属する人である。

　在職，経験年数や立場の違いによる差はあっても，教職員の誰しもが保護者や地域関係者との間にさまざまな接点を持っている。組織と組織が関係する行動連携も，最終的には人と人とが協働するのであるから，教職員の一人ひとりが日常の活動を通して，チーム学校の構成員との関係性を密にしておくことが大切である。教職員一人ひとりとこれらの人々との相互理解の深まりが，生徒指導での協働につながり，それが生徒の健やかな成長を実現させる推進力となる。教職員はこのような土台（プラットホーム）となる環境づくりを心がけ実践することが肝要である。

2．学校間（異校種間）の連携

　最近は小学校との連携が進むとともに，学校教育法に新たな校種として義務教育学校が規定されるなど，小中連携や小中一貫教育の有効性についての関心が高まっている。小中一貫教育について，「中央教育審議会答申」（2014年）では，「小中一貫教育に取り組んでいる学校や教育委員会は全国に広がっており，多くの取り組みから顕著な成果が報告されている。特にいわゆる「中１ギャップ」の緩和に関連する成果や，１学年・学校の枠を越えた継続的な

指導が必要な項目，教職員の意識改革にかかわる事項について大きな成果が見られている」ことがわかっている。具体的には，学力向上など学習指導上の成果，小・中学校が協力して指導に当たる意識の高まりなど教職員に与えた効果，保護者，地域との協働関係の強化などの効果に加え，学習規律・生活規律の定着，生活リズムの改善，自己肯定感の向上，思いやりや助け合いの気持ちの育成など，生徒指導上の成果があったと報告している。

　実際に義務教育学校で児童生徒や教職員に与える効果として以下の点が確認できた（酒井徹，2015，2017参照）。

①教職員が長いスパンでの活動を意識し計画できる。【教職員の意識化】
②9年間にわたり児童生徒を継続して育成することができる。

【指導の継続化】

③性格，行動特性や家庭環境等について，長期間に蓄積された情報をもとに児童生徒一人ひとりを配慮した指導が行える。【個に応じた指導実践】
④交友関係や人間関係等に配慮した学級等の編成がしやすい。

【人間関係形成への配慮】

⑤学習活動でのつまずきが生じた学年等の把握がしやすい。

【継続し一貫性のある学習指導】

　先に情報の質についてふれたが，小学校の6年間に蓄積された行動傾向や特性などの情報は，まさに質の良い情報に該当する。これまでも中学校入学時等に児童生徒情報のやり取りはあったものの，ともすれば送り出す側の小学校の判断によって情報の範囲や内容が限定され，受け入れ側が求めるものとは必ずしも一致してはいなかった。そのために，情報のすべてが効果的に活用できたわけではない。小学校と中学校の間で相互の理解が深まり，相手側の考えや求めること等が明らかになれば，連携や協働した教育活動の実施が可能となる。そのためには，異校種間で双方の教職員が互いに顔の見える位置に立つことが重要である。先の中央教育審議会答申にあった小中一貫教育の成果や効果は，異校種の教職員との関係性が構築され，相互理解が進み，その上で適切な情報をもとにした協働があったために達成できたものと考え

られる。

　小中一貫教育による小・中学校段階の接続の円滑化，義務教育課程9年間を見通した一貫性や継続性のある指導，行事等の共催による異学年の交流機会の増加がもたらす自己有用感の育成など，小学校との関係性が深まれば児童生徒は今まで以上に成長できる可能性がある。もちろん生徒指導面でも大きな効果が期待できる。そこで今後はこれまで以上に，異校種との積極的な連携に努めることが重要である。（コラム⑬p.156参照）

3．学校・保護者・地域・関係機関との連携事例

　Y市では中学校と義務教育学校の全校区に，それぞれ学校・家庭・地域連携事業実行委員会が組織され活動している。この事業は，1983（昭和58）年に市内の公園などで屋外生活者が暴行を受け，2名が死亡し13名が重傷を負った事案の行為者として，中学生を含む約10名が逮捕されたことに端を発している。この事件の再発を防止し，児童生徒の健全育成や非行防止を図るためには，学校は家庭や地域等との連携強化を図る必要があるとして始められた事業である。実行委員会の構成員である各委員には，中学校区内の小，中学校校長や生徒指導担当者，PTA，町内会・自治会長，青少年健全育成団体や社会福祉団体の担当者，関係機関職員等が充てられている。

　発足後すでにかなりの年数が経過した現在，各委員には当該事件の発生に関する緊迫感や焦燥感はもはや皆無であるが，この実行委員会を核として学校，保護者，地域，関係機関との連携が深まり，校区独自に児童生徒の健全育成を目的とするさまざまな事業が展開されている。各学校にとってはこの実行委員会があることで，学校間や保護者，地域，関係機関等と円滑な協働が図りやすいという大きなメリットがある。

　次に示す写真（図5-6）は，ある中学校区の学校・家庭・地域連携事業実行委員会で開催された研修の1コマである。研修会では，約100名が参加した。テーマはいじめについてであった。学校の実態や実践報告，研究者による講演の後に，学校，家庭，地域，関係機関のそれぞれの立場でどのような取り組みができるか，どのように連携し協働することが効果的か等について，忌憚のない意見交流が持たれた。研修会後，校長はこの研修会につい

て，学区を挙げて情報が共有でき，取り組みの方向性を確認できたことは大きな成果であると評価していた。

　生徒の健やかな成長を実現するために，学校，保護者，地域，関係機関との連携や協働はもはや欠くことができない。個人情報の保護等には十分に留意しながらも，積極的な取り組みが求められている。

図5-6　研修会でのグループディスカッション

学習課題

（1）生徒自らが規範に則って行動できるようにするためには，教師はどのような役割が求められているかについて説明しなさい。

（2）いじめ防止及びその解決につながる成長促進型の生徒指導としての道徳教育（または道徳科の授業）の実践事例を調べ，その有効性について説明しなさい。

（3）中学校の特別活動でキャリア教育を実施する際の工夫について説明しなさい。

（4）学校と保護者，地域，関係機関との連携の仕組みについて説明しなさい。

〈注〉
1　藤平敦「規範意識の醸成を図る学級経営」日本生徒指導学会編『生徒指導学研究』日本生徒指導学会機関誌第11号，学事出版，2012年

2　相川充「心の居場所としての学級づくり──ソーシャルスキルの観点から（子どもの
　　心が育つ学級づくりの基礎・基本)」『児童心理』（4月号臨時増刊）第60巻6号，金
　　子書房，p.2

〈参考文献〉
・古賀正義「教師・生徒の今日的特質」古賀正義・山田哲也編著『現代社会の児童生徒指導』
　放送大学教育振興会，2017年，pp.79-95
・国立教育政策研究所生徒指導研究センター「生徒指導資料　第4集　学校と関係機関等
　との連携──学校を支える日々の連携」2011年
・酒井徹「義務教育学校における生徒指導についての展望と課題──横浜市立霧が丘学園
　の事例をもとに」東洋英和女学院『人文・社会科学論集』第35号，2017年
・酒井徹「小中一貫教育の特性を活かした教育活動」東洋英和女学院『東洋英和女学院大
　学教職課程研究論集』第7号，2015年
・佐藤仁美・西村善文編著『改訂版　思春期・青年期の心理臨床』放送大学教育振興会，
　2013年
・住田正樹「教師と児童・生徒の関係」住田正樹・岡崎友典編著『児童・生徒指導の理論と実践』
　放送大学教育振興会，2011年，pp.76-95
・内閣府「平成27年版　子ども・若者白書（全体版)」2009年
・日本生徒指導学会編著『現代生徒指導論』学事出版，2015年
・林尚示『学校の「いじめ」への対応とその予防方法──「生徒指導」と「特別活動」の
　視点から』培風館，2014年
・林尚示編著『〈教師のための教育学シリーズ9〉特別活動──理論と方法』学文社，2016
　年
・林尚示・伊藤秀樹編著『〈教師のための教育学シリーズ10〉生徒指導・進路指導──理
　論と方法』学文社，2016年
・村瀬嘉代子・三浦香苗・近藤邦夫・西村克彦編『青年期の課題と支援』新曜社，2000年
・文部科学省「小学校キャリア教育の手引き（改訂版)」2011年a
・文部科学省「生徒指導提要」2010年
・文部科学省「中学校学習指導要領解説　特別の教科　道徳編」2017年a
・文部科学省「中学校キャリア教育の手引き」2011年b
・文部科学省「中学校学習指導要領解説」2017年b（2017年11月1日最終確認)
　　http://www.mext.go.jp/component/a_menu/education/micro_detail/__icsFiles/afiel
　　dfile/2017/07/25/1387018_13_1.pdf
・文部科学省「中学校学習指導要領解説」2017年c（2017年11月1日最終確認)
　　http://www.mext.go.jp/component/a_menu/education/micro_detail/__icsFiles/afiel
　　dfile/2017/07/04/1387018_1_2.pdf

・文部省「生徒指導の手引（改訂版）」1981年

〈より深く学習するための参考文献や資料〉
・国立教育政策研究所『生徒指導リーフ1（第二版）』2015年
・国立教育政策研究所『生徒指導リーフ12』2013年
・近藤昭一『子どもの危機と学校組織──苦悩する学校を救う鍵は教師の生徒指導力向上
　とチーム力』教育出版，2012年
・保坂亨『いま，思春期を問い直す──グレーゾーンにたつ子どもたち』東京大学出版会，
　2010年
・国立教育政策研究所　生徒指導研究センター「生徒指導の役割連携の推進に向けて──
　生徒指導主事に求められる具体的な行動（中学校編）」2010年
・文部科学省「生徒指導提要」2010年

コラム⑪　運動部活動における体罰

　2013年は「スポーツと体罰」ついて教師や指導者が改めて熟慮する必要性を再認識した節目の年になったと考える。文部科学省は，2013年3月に「体罰の禁止及び児童生徒理解に基づく指導の徹底について（通知）」を発し，同年4月には日本体育協会・日本オリンピック委員会・日本障害者スポーツ協会・全国高等学校体育連盟・日本中学校体育連盟のスポーツ統括五団体が「スポーツ界における暴力行為根絶宣言」を表明した。同年5月に，文部科学省の運動部活動の在り方に関する調査研究協力者会議が「運動部活動の在り方に関する調査研究報告書－－人一人の生徒が輝く運動部活動を目指して－」を取りまとめ，さらに同年8月には全国柔道連盟の執行部が退陣し，改組の際には「暴力行為根絶宣言」を表明した。

　学術情報ナビゲータCiNiiにて，キーワードを「運動部活動　体罰」と検索すると35本の論文が検索された。（2017年1月22日）この35本の論文中，2013年以降に発表された論文は27本であり，それ以前までとの関心度の違いが顕著である。

　その発端となったのは，元教諭（懲戒免職）に暴行を加えられた大阪市立桜宮高等学校のバスケットボール部主将が2012年12月23日に自殺した事件である。この事件は，2013年7月4日に大阪地裁が元教諭を傷害と暴行で在宅起訴し，学校の運動部活動の顧問による体罰が刑事事件になる異例の事態であった。これはスポーツ場面における指導という名の体罰・暴行であり勝利至上主義が招いた部活動の過熱化である。

　運動部活動の指導で体罰が起こる要因として，①言葉や理解を軽視して体で覚えることを重視，②教師と生徒の身体的接触が多い，③結果がすべての勝利至上主義，④体罰とハードなトレーニングの境界があいまいな根性主義，⑤体罰で技術や精神力が高まったと誤った認識をしている選手・指導者・保護者がいる（体罰容認），⑥部活動が生徒指導の管理的側面と結び付いている（役割期待），⑦戦前の「戦う身体」の精神文化の影響が今日にも続いている，⑧明治期以来の精神主義や封建的な運営方針（年功序列主義・集団行動主義・しごき主義・修行主義）等が考えられる。これまでの先行研究からは，学校での運動部活動の指導者の在り方が何十年も前から問われ続けているが未だに解決されていないと考えざるを得ない。

　2013（平成25）年に文部科学省は運動部活動での指導者による体罰の根絶を目指して「運動部活動での指導のガイドライン」を作成し，2017（平成29）年4月1日から「学校教育法施行規則の一部を改正する省令（平成29年文部科学省令第4号）」が施行され，中学校，高等学校では教員以外の部活動

指導員が校長の監督下のもとで認められることになった。

　外部の運動指導員の導入の課題の一つは，学校や教員との情報共有が容易ではないことが考えられる。これまでの部活動の顧問（教員）は，学校全体の目標や年間計画，生徒の学校生活の様子を担任等と互いに情報共有した上で部活動を担当してきたが，全く同じことを外部指導者に要求することは不可能であると考える。個人情報の保護の観点等も含め，可能な限りの情報共有と協力体制を整える必要があると考える。

　部活動は体育系も文化系も含め学校教育の一環であり，発達段階に応じた科学的な指導のもとで行わるべきであり，いかなる理由があろうとも人格を傷つける言動や体罰は絶対にあってはならない。ゼロトレランスである。

　運動部活動指導者は体罰を容認する認識を変え，いかなる状況においても体罰は絶対にしてはならないという認識とコンプライアンスを忘れずに，子ども達が生涯にわたってスポーツを楽しみ，健康で豊かなスポーツライフが送れるように導きたいものである。

コラム⑫　貧困がもたらす子どもへの負の影響

　貧困世帯の子どもが受ける負の影響は，学力，進学率，意欲の低下，健康，家庭環境，非行，虐待，ネグレクト等である。

　日本財団子どもの貧困対策チーム（2016）は，子ども期の経済的困難は進学・学歴を含む教育格差を生み，その結果，就業や雇用形態・所得に格差が発生し，最終的には日本の経済的損失につながると警鐘を鳴らしている。貧困世帯の子どもは「進学率が低くそれが将来の就職状況の悪化や所得低下を生み出しており，現在世代の貧困が次世代の貧困へ連鎖する」[1]というのである。また，秋田喜代美ら（2016）は，貧困問題は世代間の連鎖を引き起こすと子どもへの負の影響が続いてしまうと問題視している。（図）

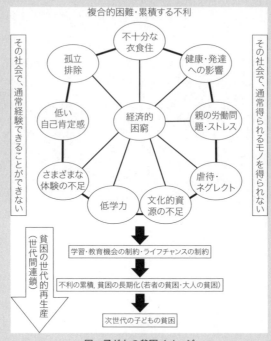

図　子どもの貧困イメージ

秋田喜代美・小西祐馬・菅原ますみ編著『貧困と保育——社会と福祉につなぎ，希望をつむぐ』かもがわ出版，2016年

154

　健康への影響では，大人の自殺者の増加時期と不況の時期との重なりから貧困問題との関連性が示唆されている。また低出生体重児の比率が先進国の中では高いこと，無職の世帯で乳児死亡率が高いことなども併せ「健康格差・いのちの格差」[2]が生じている。内閣府と警視庁が公表した「平成27年中における自殺の状況」では，親世代にあたる年齢層が50％を占めている。親を失った子どもの精神的なショックや経済的な負担は大きい。藤原武男（2016）の調査では「生活困難者はおよそ2倍程度，子どもの不健康状態の割合を高めている」[3]ことがわかっている。

　子どもの学力は親の低所得によっても影響を受け，親の所得階層と子どもの成績別の大学進学率の研究結果から「親が低所得の場合には大学への進学率が低い」[4]ことがわかっている。また，お茶の水女子大学（2014）の調査結果から「社会経済的背景が児童生徒の学力に影響を与えている」[5]ことがわかっている。低所得世帯では塾や習い事等の支出は厳しく，親の時間的な余裕も乏しいため子どもへの教育的なかかわりが難しくなる。そのため子どもの自宅での学習時間が十分でなくなり，学力は低下し学ぶ意欲や自信を失っていく。

　全国児童相談所長会の報告書（2014）では，子どものいる一人親家庭では子どもの虐待相談の割合が高く「経済的な困難・一人親家族・虐待・ネグレクトが複合的」[6]であると指摘されている。経済的な問題等のある家庭は社会的に孤立しがちで，子どもへの虐待発生率の増加につながっている。

　中教審答申「今後の青少年の体験活動の推進について」においては「保護者の経済力や保護者自身の経験の多寡，学校の判断によって青少年の体験活動の機会に体験格差が生じている」との指摘があり，「体験活動が豊富なほど意欲や関心，規範意識等が高く，社会を生き抜く力や道徳心，学力にも好影響がある」とされている。

〈注〉
1　日本財団子どもの貧困対策チーム『子供の貧困が日本を滅ぼす』文春新書，2016年，p.84
2　前掲書，p.69
3　藤原武男「子どもの貧困による健康影響とは」，子どものからだと心・連絡会議『子どものからだと心白書2016』ブックハウスHD，2016年，p.11
4　文部科学省「学生への経済的支援の在り方に関する検討会」第3回参考資料
5　国立大学法人お茶の水女子大学「平成25年度全国学力・学習状況調査（きめ細かい調査）の結果を活用した学力に影響を与える要因分析に関する調査研究」
6　全国児童相談所長会「児童虐待相談のケース分析等に関する調査研究」結果報告書，子ども未来財団，2014年

コラム⑬　中高連携

　少子化の影響等により日本の高等学校（以下，高校）の数が減少する中で，中学校から高校への進学率は高水準（平成22年度：98%，平成24年度：96.5%）であり準義務化状態にある。その要因には日本の高校が生徒の適性や能力，興味や関心，進路に合わせて多様化していることが挙げられる。またOECDの統計では後期中等教育機関卒業率は91%を示すことから卒業率もきわめて高い水準といえる。

　中学校と高校は異なる学校間の垂直的接続関係（articulation）にあり，中高生が学校段階間の移行を円滑に図ることが困難なこともある。以下の表は公立の中学校と高校との差異を整理したものである。（表）

表　中学校と高等学校の差異

	中学校（公立） 前期中等教育	高等学校（公立） 後期中等教育
法的・ 外面的観点	義務教育（入試なし）	非義務教育（入試あり）
	基礎的（学科なし）	専門的（学科あり）
	学区あり（小学区制）	学区なし
	単位制ではない	単位制
	停学・退学・留年なし	停学・退学・留年あり
	定時制・通信制課程なし	全日制・定時制・通信制課程あり 課程分化
目標	小学校における教育の基礎の上に心身発達に応じて，義務教育として行われる普通教育を施す	中学校における教育の基礎の上に，心身の発達及び進路に応じて，高度な普通教育及び専門教育を施す
発達段階的 観点	思春期前半	思春期後半
	chum-group	peer-group
	同一言語による一体感	異質性を認め合う
キャリア 発達段階	社会の一員としての自分の役割や責任の自覚が芽生える時期	学校から社会・職業への移行の準備として専門性の基礎を育成する段階
	人間関係も広がり，さまざまな葛藤や経験の中で自分の人生への関心が高まる時期	現実的模索・施行と社会的移行準備の時期
	現実的模索と暫定的選択の時期	
キャリア 発達課題	肯定的自己理解と自己有用感の獲得	自己理解の深化と自己受容
	興味・関心に基づく職業観・勤労観の形成	選択基準としての職業観・勤労観の確立
	進路計画の立案と暫定的選択	将来設計の立案と社会的移行の準備
	生き方や進路に関する現実的模索	進路の現実的吟味と試行的参加

　以上を踏まえ，中学校と高校の学校段階間の移行が困難になる要因は，義務教育か否か，設置者の違いや小学区制か否かに伴う地域との関係性の強弱等が考えられ，中学校と高校間の親和性にも課題があるといえる。

　また中学校教員は高校教育の内容についての理解不足，高校教員は小学校や中学校で積み上げられてきた義務教育の内容に対する関心の希薄化が挙げられる。

　さらには学級や担任の役割や意味合いが異なる点も要因の一つである。中学校では，仲間や担任と共に学級という集団での生活を通じて徳育を施すことが第一義である。高校では学校生活全体にわたるホームルームでの活動を最重要視している訳ではない。そのため高校でのホームルームへの帰属意識は低くなり，担任も個別対応や個別支援が主となっている。また教科担任制での授業形態は中学校も高校も同じであるが，学級集団として共に学び合う意識が高い中学校に対し，高校の授業では授業内容の量や進度の関係で講義形式が増え，中高間のギャップを感じる生徒もいる。

　思春期の前半と後半では，心身の発達や発達課題，キャリアに対する発達課題が大きく異なる時期でもある。また学校教育では普通教育を媒介として小・中・高の連続性を保証しつつも後期中等教育段階は多様化している。

　初等中等教育を見直す流れの中で，63・3制から6・33制（中高一貫教育）という制度体系でつなぐという連続面と，単に結び付けるだけではなく適切に各学校段階を区切るという非連続面も併せて考える必要がある。

　内閣府（2011〈平成23〉年）の「若者の意識に関する調査（高等学校中途退学者の意識に関する調査）」[1]では高校中退率は1年生で高いことがわかり，不登校と不適応もあわせ「高1クライシス」と呼ばれている。

　学校は生徒の発達権・学習権を保証する場であり，移行期による異なる学校段階においても生徒の連続的・累積的な発達を保証しなければならない。そのため中高連携には，上述した点を教師が認識した上で生徒の自己実現を支導していくことが望まれる。

〈注〉
1　内閣府「若者の意識に関する調査（高等学校中途退学者の意識に関する調査）」
　　http://www8.cao.go.jp/youth/kenkyu/school/kaisetsu.html　2011年

第6章

高等学校

第1節　高校生の理解と学級運営

1．生徒理解

　高等学校（以下，高校）の時期は中期青年期であり，佐藤仁美・西村善文（2013）は時間軸に基づいた思春期と青年期を図6-1のように表している。

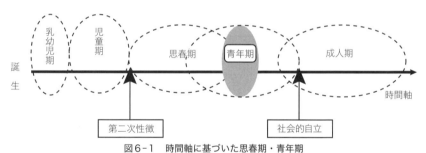

図6-1　時間軸に基づいた思春期・青年期

佐藤仁美，西村喜文（2013：10）をもとに作成

　中期青年期の主な特徴は以下の通りである。

①親の保護から社会へ参画し，自立した大人となるための移行時期

②どのように生きるのかという課題を真剣に模索する時期

③社会的な存在としての意識や成人としての入り口に立たされる時期

　また，この時期の課題は以下の通りである。

①自らの生き方について考え，主体的な選択と進路の決定をすること

②他者の善意や支えへの感謝の気持ちとそれにこたえること
③社会の一員としての自覚を持った行動をすること等の自己形成

　稽古事で修業段階を表現する「守・破・離」を用いて児童期から青年期を表すと以下のようになる。（表6-1）

表6-1　守（児童期）・破（思春期）・離（青年期）

守	児童期	大人の教え（社会の規範・ルールやマナー）	社会化
破	思春期	試行錯誤・反抗	個性化
離	青年期	それまでの教えから離れ，自らの判断基準を確立	

保坂亨（2010:142）をもとに作成

　ハヴィガースト（Havighurst, R）は青年期の発達課題を，①同年齢の男女両性との洗練された新しい関係を達成すること，②男性または女性としての社会的役割を達成すること，③自己の身体構造を理解し，身体を有効活用すること，④両親や他の大人からの情緒的な自立を遂げること，⑤結婚と家庭生活の準備をすること，⑥経済的自立の準備をすること，⑦行動の指針としての一連の価値や倫理体系を修得すること，⑧社会的に責任ある行動を求め，かつ成し遂げることとしている。

　エリクソン（Erikson, E）の発達漸成理論では，「これこそが本当の自分だ」と実感した自我を確立した状態を自我同一性とし，これが青年期の発達課題としている。その過程において「自我同一性対自我同一性の拡散」が起こり，自己と社会との接点を通して心理社会的危機を克服したときに「誠実」が獲得される。また青年期は，価値観や職業等の模索中であり，社会的義務の遂行や責任を猶予される準備期間（モラトリアム）とされている。

　ロジャーズ（Rogers, C）は青年期に「理想的にこうありたいと望む自己」と「あるがままの自己」が乖離してしまうと不適応の要因になると警鐘を鳴らしている。高校生が不適応を起こす主なストレス要因には，教師との関係・学業・友人との関係・進路・部活動・校則等がある。

　高校生は，未熟な自分と大人や教師との関係の中で生き方や真理，価値観等を構築し，「自分とは何者なのか？」を模索しているのである。また，自

分のさまざまな能力を発揮することで「かけがえのない個人」と出会い，社会に貢献することで生きる喜びを知り，さまざまな社会体験を通して自己の欲求に目覚め，自己実現を目指しながら社会の成員になっていくのである。

高校生の自己理解を促進するためのプログラムと「気づき」の性質を表6-2に示す。教師はその目的や生徒の実態に応じて，プログラムを活用できることが望ましい。

表6-2 「気づき」の性質による分類

気づき・自己理解の性質・内容	プログラムの例
事象のとらえ方	日記・手紙，ＲＣＲＴ，ロールプレイ，ＴＡＰ
考え方・感じ方	日記・手紙，内観法，ロールプレイ 構成的グループ・エンカウンター，ＴＡＰ
表現の仕方	ロールプレイ，構成的グループ・エンカウンター 描画，コラージュ，ＴＡＰ等
性格	質問紙法，投影法的検査，ＴＡＰ
行動傾向（対処方略等）	行動傾向，ロールプレイ，ＴＡＰ
他者からの見られ方	構成的グループ・エンカウンター，ＴＡＰ
自分らしさの枠組み	20の私，日記・手紙，ＴＡＰ
他者理解の仕方	構成的グループ・エンカウンター，ＲＣＲＴ，ＴＡＰ
道徳・倫理観，価値観，信念等	質問紙法，ＴＡＰ

村瀬嘉代子他（2000:39）に一部加工

２．学級運営

ホームルーム（以下，HR）には，生徒の活動の基盤としての役割や生徒指導の基礎的な場，他の教育活動との相互補完が行われる場，事務的な仕事が果たされる場，HR運営を展開する場としての機能があり，「心の居場所」としての意義も大きい。HR活動の内容は，学校の生活づくり，適応と成長及び健康安全，学業と進路があり，生徒指導と特別活動とはきわめて関連性が高いといえる。

HR担任は，生徒一人ひとりの個性や生育環境，学校における人間関係や進路等を把握し，HRを教育の目的に沿って効果的に運営する必要がある。高校は中学校に比べ選択科目が多い教科担任制のため，HR担任は自身の専門教科以外でも生徒と積極的にかかわり，生徒との信頼関係を構築する必要がある。

生徒指導とHR経営の関係は互いに密接に関連していて切り離せないが，平成16年度の「特別活動実施状況調査」[1]では，HR活動の平均授業時数は，高校1年で年間33.7時間であり，中学校1年の41.2時間に比べて少ないことがわかっている。高校ではHR活動に当てる時間は年間35単位時間以上であり，この結果を高校教師は真摯に受けとめる必要がある。また同調査では，高校教師のHR活動の満足度は最も低く，66.2％が満足できる状況にないと回答している。高校は中学校に比べ，クラス単位での活動が少ないためと推察するが，クラスの絆を強め心の居場所をつくるためには，HR活動を計画的・意図的に行う必要がある。

　絆とは，互いに相手の状況や気持ちを考慮しながらつながる結び付きであり，一方が自分本位で強く糸を引くと糸は切れてしまうのである。学校では「生徒同士の絆」や「生徒と教師の絆」が考えられ，お互いに相手のことを思いやることが必要である。絆づくりとは，生徒が主体的に取り組む協働的な活動を通じて生徒自身が絆を感じとり，紡いでいくことであり，HR担任は「指導」と「支導」のバランスをとりながらかかわっていく必要がある。

　居場所には，①心身ともに落ち着ける，②安心して自己発揮ができる，③仲間からの承認や受容が実感できる，④人の役に立っている等の自己有用感や自己存在感を味わえる等の要件が整っている必要がある。HR担任は居場所をつくるために，自分の意見を安心して発言ができ，失敗のリスクがある挑戦を尊重する風土の醸成や仲間と達成感や喜びを味わえる協働的な活動を促進することが求められる。

　生徒が自分はクラスの大事な一員であるいう自覚や帰属意識を持つと，積極的にクラスや仲間のために行動するようになり，仲間との信頼によって結ばれた絆が深まっていくのである。この絆をもとに互いに高め合い，切磋琢磨する中で自己指導力が芽生え，自治的な学級が形成されていくのである。

　高校生は，個人の自由と責任，権利と義務の意義についての自覚を深めること，社会的自立を目指す主体としての自覚と責任感を高めることが重要である。そのためには，社会の成員としての行動指針や倫理観を学び，地球市民として調和のとれた価値観を確立する必要がある。したがってHR担任は，生徒達に目的・方法・手段等を考えさせ，自己決定の上で実行するように促

し，その結果を生徒達が受けとめられるようにする必要がある。また生徒達が起こした予期せぬ出来事を活用し，学級集団に新たな秩序を生み出す「ハプンスタンス型指導」[2]や自己組織化ができる学級づくりも重要である。

第2節　高等学校の学習指導を支える生徒指導

　機能概念である生徒指導は，学校でのあらゆる教育活動の中で行われるべきものである。特に，学習指導の中心となる授業は，生徒達にとって授業規律や学習のルールづくり等を通して集団の中の自己を認識し，他者を理解する絶好の機会となる。

　教師には，授業において各教科の内容をわかりやすく教え，理解を促し，知識の定着を図る指導技術が必要不可欠である。これに加えて重要となるのが，生徒の授業に対する参画意識を高め，効率的に確かな学力に結び付けるための生徒指導力である。高等学校においては，進学や就職などの進路の多様性を踏まえて，生徒の自立を支える「支導」を行っていかなければならない。

　ここでは，どのように生徒の意識や意欲を高め，学力向上につなげるかという観点で，生徒を支え導く「生徒支導」の具体例と展開方法を解説する。

1．学業指導　授業に取り組む姿勢づくり

　授業は学校生活の中心的教育活動であり，それが「個」と「集団」のどちらにとっても充実していることが重要である。一部の生徒によって授業の雰囲気が掻き乱されるようなことがあれば，真剣に学ぼうとする生徒の学習を妨げることになる。さらに，このような乱れは他の学級や学年へと波及し，学校全体の秩序を乱していく。したがって，このような状況を防ぐためにも，年度のはじめに学校全体できちんとしたルールづくりをしておく必要がある。その際に注意すべきことは，教師にとって都合の良い授業環境を前提にするのではなく，生徒が理解・納得し，将来につながるものをつくることである。特に，高等学校では上級学校や実社会で通用する社会的資質を育むことも視野に入れて，このルールづくりを行っていくことが重要である。

（1）授業規律の確立

　授業規律の代表的なものとして，「挨拶」や「姿勢」に関するものがある。例えば，始業と終業の挨拶は生徒に気持ちの切り替えを促し，授業への参画意欲を喚起する。また，授業に臨む姿勢を正すことは，学習への集中力を高める。教師はこのようなことの大切さを生徒達に伝え，自らの意思によって行動できるように指導することで，自律を促していく必要がある。さらに，教師は生徒の将来を見据えた上で，「個」として主体的・積極的に学習に取り組む姿勢と，「集団」の中での責任や協調性を醸成することも重要である。

（2）学習のルールづくり

　高等学校においては，生徒自身が上級学校や実社会での学びを見据え，学習のルールづくりに積極的に参画することも重要になってくる。生徒の主体的・能動的な学習は，自らの学習効果を高めるとともに，他者にも良い影響を与えて優れた学習環境をつくりだす。そのことを生徒に実感させた上で，教師は生徒達とともに学習のルールづくりを行っていくことが必要である。このように，生徒自身が学習のルールづくりに参画していくことで，学校の中で培われた主体性や協調性は将来に生きるものとなるのである。

　①自己管理を前提としたルール　＝　（例）　ベル着，ノーチャイム
　授業開始のチャイムより前に着席するようにする。また，自己管理を前提に，あえてチャイムを鳴らさずに生徒一人ひとりに時間を意識させることで自律を支援する。

　②他者との協力を前提としたルール　＝　（例）　授業開始前の静寂，班別の事前学習や協議
　生徒達が学習しやすい環境を作るために互いに協力し，授業への参画意欲を高める。また，意見を出し合う場を設けることで他者を尊重する社会性や協調性を育む。（コラム⑮p.188参照）

2．「わかる授業」への創意工夫

　生徒が意欲を持って学習に取り組めるように質や量を適切に調整し，学力向上につながるカリキュラム・マネジメントを行うことが重要である。そのためには，教育内容にも創意工夫が求められる。この工夫の例として，生徒の学習の幅を広げるための多様な選択科目の設定や，学びを深めることを目的とした演習や探究的科目の導入等が挙げられる。これらは生徒の学習意欲を高めるためにも有効なものとなる。生徒は興味や関心を持つことで学習への意欲を持ち，わかることで学び続けようとする。また，教師は指導方法においてもどのようにして生徒に刺激を与え，個々のモチベーションを維持するかを常に考え，生徒を支え導いていかなければならない。

（1）授業方法の工夫と生徒指導

　「わかる授業」は，学習意欲の向上と知識・技術の蓄積の両側面において，「確かな学力」を身に付けさせる要件である。近年ではアクティブ・ラーニング（主体的・対話的で深い学び）等の導入により，生徒の理解度を高めるさまざまな工夫がなされている。これについても教師が具体的方法を熟知し，効率的に活用する能力を身に付けることで，大きな効果が期待できる。

（2）学習環境の工夫と生徒指導

　2000年代に入るとさまざまな国でICT（Information and Communication Technology：情報通信技術）を活用した学校教育が普及してきた。日本においても多くの学校で導入され，大きな教育効果を生み出している。このような学習環境の工夫・改善においても，教師が生徒一人ひとりの知識・技術の差を十分に把握し，適切な個別指導を行うことでその効果は高められる。

　つまり，単に学習ツールを与えるだけでなく，生徒がそれらを使いこなせるように，教師が適切な「支導」を行うことが重要となってくる。

図6-2　電子黒板とタブレットを活用した授業風景

3．生徒指導の側面から見た評価の在り方と意欲の醸成

　生徒の学習に対する評価は，能力や到達度のみで判断されるのではなく，観点別評価として「関心・意欲・態度」,「思考・判断・表現」,「技能」,「知識・理解」の四つの観点を踏まえて行われてきた。2020年（高等学校は2022年）から実施された新学習指導要領においては,「知識・技能」,「思考・判断・表現」,「主体的に学習に取り組む態度」の3観点にまとめられ評価されることになる。教師が生徒指導を考える場合には，集団の中の自己を意識させ，他者への思いやりや協調性，集団全体の調和等の意識を育てるという観点を持つべきである。そのためには，生徒に他者の努力を称賛したり，協力して課題を解決したり，集団の力で大きな目標を達成したりするような機会を与えることも必要になる。そして，これらを評価に反映することで個々と集団の意欲は，ますます喚起されていくのである。

(1)　意欲を引き出す教育

・「教えて詰め込む教育」から「支え考えさせる教育」へ転換する。
・目標を明確にし，到達する方法を考えさせ，成果と過程を評価する。
　（例）　福岡県のキタ・ホメメソッド　鍛える⇒伸ばして⇒褒める
・小さな成功体験を繰り返し，自信につなげる。
　（例）　ヒントと補足⇒気づき・試行錯誤⇒正解

(2) 好ましい人間関係を築くための評価

　・「他者との協力」や「集団への寄与」等を評価項目とする。

　　（例）グループワークへの参画状況の観察・評価

4．全体指導と個別指導

　全体指導において重要なことは，生徒達が相互に好ましい学習環境を形成できるように促すことと，学習の内容や方向性を明確にすることである。その際，教師は強制するのではなく，その集団の持つ特性を理解した上で，生徒が自然に興味や関心を抱くような授業を構成し，生徒の意欲を高めていかなければならない。

　個別指導においては，個性を的確に捉えた上で学習への意欲を喚起することが大切である。さらに，生徒一人ひとりが持つ能力を引き出し，その個性と能力を最大限に伸ばしていく必要がある。また，生徒一人ひとりの進路に合わせて，生徒自身が自己実現を果たすことができるように支え導くことも教師の重要な役割である。

第3節　道徳教育と生徒指導

1．高等学校における道徳教育と生徒指導

　高等学校における道徳教育は，2018年改訂の「学習指導要領」第1章 総則第1款2（2）に示されている。1段目では，「道徳教育や体験活動，多様な表現や鑑賞の活動等を通して，豊かな心や創造性の涵養を目指した教育の充実に努めること」と示している。2段目では，「学校における道徳教育は，人間としての在り方生き方に関する教育を学校の教育活動全体を通じて行うことによりその充実を図るものとし，各教科に属する科目（以下「各教科・科目」という），総合的な探究の時間及び特別活動（以下「各教科・科目等」という）のそれぞれの特質に応じて，適切な指導を行うこと」とし，高等学校では要となる教科・科目等は示されず，学校の教育活動全体を通じて行うことを示している。生徒指導も教育活動のあらゆる場面において行われ，生徒一人ひとりの日常的な生活場面における具体的な問題について支導する場合が多い。

3段目では,「道徳教育は,教育基本法及び学校教育法に定められた教育の根本精神に基づき,生徒が自己探求と自己実現に努め国家・社会の一員としての自覚に基づき行為しうる発達の段階にあることを考慮し,人間としての在り方生き方を考え,主体的な判断の下に行動し,自立した人間として他者と共によりよく生きるための基盤となる道徳性を養うことを目標とすること」とし,高校生の発達の段階を踏まえつつ,小学校から一貫して道徳性を養うことが目標であることを示している。道徳教育は生徒の道徳性の育成を直接的なねらいとしている。これに対して,生徒指導は道徳的実践の指導において重要な役割を担っているということができる。道徳教育で培われた道徳性を,生きる力として日常の生活場面に具現できるように援助することが「生徒支導」の働きである。4段目では,道徳教育を進めるに当たって留意することが示されており,これらの指導を生徒指導につなぐことができる。

2. 人間としての在り方生き方に関する教育と生徒指導

高等学校における道徳教育は,人間としての在り方生き方に関する教育を通して行われる。「高等学校学習指導要領解説 総則編」では,高校生は,生きることの意味について思い悩み,人間や社会の在るべき姿を模索する中で,生きる主体としての自己を確立し,自らの人生観・世界観ないし価値観を形成し,主体性をもって生きたいという意欲を高めていくと示されている。

選択可能ないくつかの生き方の中から自分にふさわしく,しかもよりよい生き方を選ぶ上で必要な,自分自身に固有な選択基準ないし判断基準を持つために,生徒一人ひとりが人間存在の根本性格を問うこと,すなわち人間としての在り方を問うことを通して形成されてくる。生徒一人ひとりの人間としての在り方についての基本的な考え方が自分自身の判断と行動の選択基準となる。自分自身に固有な選択基準ないし判断基準は,具体的には,さまざまな体験や思索の機会を通して自らの考えを深めることにより形成されてくると示されている。どのように生きるべきか,いかなる人間になることを目指すべきかを探求することを通して,自らの価値観を持つことができる。

高等学校においては,人間の在り方に深く根ざした人間としての生き方に関する教育を推進することが求められている。人間としての在り方生き方に

168

関する教育においては，教師の一方的な押し付けや単なる先哲の思想の紹介にとどまることのないように留意し，人間としての在り方生き方について生徒が自ら考え，自覚を深めて自己実現に資するように指導の計画や方法を工夫することが重要であり，その際，第1章第1款4にあるように，就業やボランティアなどにかかわる体験的な活動を重視することが大切であると示されている。

高等学校における道徳教育において生徒の道徳性が養われれば，それはやがて生徒の日常生活における道徳的実践が確かなものになり，ひいては自己実現にもつながるため，生徒指導も充実する。逆に，生徒の日常生活における「生徒支導」によって生徒が望ましい生活態度を身に付けることになり，道徳性を養うという道徳教育のねらいを側面から支えることになる。

3．高等学校における道徳教育推進上の配慮事項と生徒指導

2018年の改訂で，「高等学校学習指導要領」第1章 総則に「第7款 道徳教育に関する配慮事項」が新たに示されている。ポイントは，道徳教育推進教師を置くことと公民科の「公共」及び「倫理」並びに特別活動が中核的な指導の場面であることを示したことである。

道徳教育推進教師については，高等学校においては新たに規定されたものである。小学校及び中学校においては，「学習指導要領」の2008（平成20）年改訂において置かれている。

公民科の「公共」及び「倫理」並びに特別活動が中核的な指導の場面であることについては，「高等学校学習指導要領解説　総則編」（2018年）の道徳教育についての「(1) 高等学校における道徳教育」の「ウ 各教科・科目等における人間としての在り方生き方に関する教育の展開」に示されている。今回，道徳教育の全体計画の作成に当たって配慮することとして示したものである。道徳教育推進教師の選任に当たっては，特別活動及び「生徒支導」とのつながりが深いことが考慮されることになると考えられる。

高等学校で指導が適切に行われるようにするために，(1) 自立心や自律性を高め，規律ある生活をすること，(2) 生命を尊重する心を育てること，(3)社会連帯の自覚を高め，主体的に社会の形成に参画する意欲と態度を養うこ

と，(4) 義務を果たし責任を重んずる態度及び人権を尊重し差別のないより
よい社会を実現しようとする態度を養うこと，(5) 伝統と文化を尊重し，そ
れらを育んできた我が国と郷土を愛するとともに，他国を尊重すること，国
際社会に生きる日本人としての自覚を身に付けることに配慮することが示さ
れている。いずれも「生徒支導」と深くつながっている。

　生徒が自己を振り返り，自己を深く見つめ，人間としての在り方生き方に
ついて考えを深め，生徒の自立心や自律性を高め，規律ある生活が送れるよ
うにする取り組みが求められる。いじめや暴力行為，自殺・自傷行為など生
命を軽視する行動につながることのないよう生命の尊さを深く考えさせ，か
けがえのない生命を尊重する心を育成する取り組みが求められている。自分
が社会の構成員の一員であることを認識し，その中での役割を自覚して主体
的に協力していくことができるという社会連帯の自覚を高めることが求めら
れている。社会の秩序と規律の理解を深めて，自らに課せられた義務や責任
を確実に果たすことの大切さを自覚することが求められる。

　学校やHR内の人間関係や環境を整えるとともに，就業体験活動やボラン
ティア活動，自然体験活動，地域の行事への参加などの豊かな体験を充実す
ること，また，道徳教育の指導が，生徒の日常生活に生かされるようにする
こと，その際，いじめの防止や安全の確保等にも資することとなるように留
意することが示されている。

　生徒の道徳性の多くの部分は，日々の中で養われる。教師が生徒に対して
持つ人間的関心と教育的愛情，生徒が教師の生き方に寄せる尊敬と相互の信
頼が人間関係の基盤となる。教師と生徒が共に語り合える場を日頃から設定
し，生徒を理解する有効な機会となるようにすることが大切である。生徒相
互の交流を深め，互いが伸び伸びと生活できる状況をつくることも大切であ
る。生徒一人ひとりが，寛容の心を持ち互いに認め合い，助け合い，学び合
う場と機会を意図的に設け，さまざまな体験の共有や具体的な諸問題の解決
を通して，互いに尊重し合い，協働的に学び合えるよう配慮しなければなら
ない。意図的，計画的に学習の機会を設け，生徒が多様な意見に学び合いな
がら，物事を多面的・多角的に考え，自らの判断により，適切な行為を選択
し，実践するなど，道徳教育の指導内容が生徒の日常生活に生かされるよう

にすることが大切である。

　生徒の自尊感情や対人交流の能力，人間関係を形成していく能力，立場や意見の異なる他者を理解する能力などの資質・能力を育むとともに，さまざまな体験活動や協働して探究する学習活動を通して，学校・HRの諸問題を自主的・協働的に解決していくことができる集団づくりを進めることが求められる。（コラム⑭p.186参照）

第4節　キャリア教育と特別活動

1．高等学校のキャリア教育と特別活動の関係

（1）高等学校のキャリア教育

　高等学校のキャリア教育は，小学校や中学校と異なり，設置形態や学科の特質に応じて推進される点が特徴である。高等学校の設置形態には，全日制課程，定時制課程，通信制課程の三つの課程がある。全日制課程は高等学校全体の9割を越えている。定時制課程は夜間やその他特別な時間に授業を行い，修業年限が3年以上の課程である。通信制課程は添削指導，面接指導，放送などを通して教育が行われる課程である。定時制課程と通信制課程は，働きながら学ぶ者を主たる対象として設置された経緯があるため，キャリア教育も，より実践的な「社会の形成者」としての「社会参画意識」の育成の場となる。

　高等学校の学科には普通科，専門学科，総合学科の三つがある。そして，専門学科はさらに農業，工業，商業，水産，家庭，看護，情報，福祉，理数，体育，音楽，美術，外国語，国際関係，その他の15に区分されている。そのため，専門学科については，学科の特性に応じてより具体的な「進路指導」が実施される。普通科においては，大学進学後の生き方を考える機会を充実させることとなる。就職を希望する生徒が多い普通科については，就業体験の機会を充実させていくこととなる。総合学科については，入学年次の「産業社会と人間」によって将来の生き方を考えさせることとなる。

　どの学科でも，どの課程でも，キャリア教育の定義である「一人一人の社会的・職業的自立に向け，必要な基盤となる能力や態度を育てることを通し

て，キャリア発達を促す教育」（文部科学省，2012:14）が実践される。「基盤となる能力や態度」の育成を通した各生徒の「自己変容」を記録し，確認するためにも「キャリア・パスポート」のような証明となる文書が必要となる。なお，通常のパスポートは国籍・身分等に関する証明であるが，キャリア教育における「キャリア・パスポート」は態度や能力についての証明である。

2018年改訂の高等学校の「学習指導要領」では，すべての生徒に履修させる各教科・科目として教科公民の科目「公共」がある。科目「公共」は特別活動等と並んで人間としての在り方生き方に関する中核的な指導の場面の一つとなっている。そのため，キャリア教育を進めるためには特別活動と科目「公共」が連携した授業も考えられる。

(2) 高等学校の特別活動

高等学校の特別活動は中学校の特別活動の目標や内容を踏襲するものの，中学校の学級活動がHR活動という名称になる。中学校の生徒会活動と学校行事は同じ名称で実施される。

特別活動では，キャリア教育に関連する教育の部分を「人間としての在り方生き方に関する教育」と表現することがある。「人間としての在り方生き方に関する教育」は学校の教育活動全体を通じて行うものであるが，その中心となるのはHR活動である。全人的な人間形成を図るために，各教科・科目や道徳教育での指導の充実との関連を図りながら，人間としての在り方生き方の指導としてのキャリア教育の視点に立った進路指導をHR活動等に意図的に組み込んでいくことが望まれる。

具体的には，HR活動の「望ましい勤労観・職業観の確立」に関する内容は特にキャリア教育を意識した指導計画としたい。生徒の将来の社会的自立，職業的自立の観点から指導の充実が求められるためである。また，HR活動での主体的な進路の選択決定と将来設計といった進路等の選択の内容でも，生徒の卒業後の進路の多様化や生涯を通じた生き方の指導など，キャリア教育とのつながりを意識した指導が望まれる。

生徒会活動については，明示的にはキャリア教育との関連は示されないものの，キャリア教育の「基礎的・汎用的能力」の育成が図れる場面はある。

具体的には，「人間関係形成・社会形成能力」は「委員会活動」などの異年齢集団交流などで，「自己理解・自己管理能力」は学校行事への協力などで，「課題対応能力」は生徒の諸活動についての連絡調整などで，「キャリアプランニング能力」は生徒会の計画や運営などで指導が可能となっている。

　学校行事については，中学校と同様に勤労生産・奉仕的行事でキャリア教育との関連が示されている。具体的には，学校行事における就業体験などの望ましい勤労観や職業観を育成する活動をキャリア教育の一環とすることが示されている。

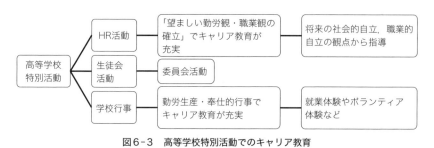

図6-3　高等学校特別活動でのキャリア教育

（林尚示，作成）

　学校行事とHR活動を組み合わせたキャリア教育としては，学校行事の就業体験とその後のHR活動での振り返りや発表を一つの学習指導計画とするものが推奨されている。（文部科学省，2012：232-233）

2．高等学校のキャリア教育と特別活動のまとめ

　高等学校でのキャリア教育と特別活動については，次の3点が特徴となる。一つ目は，設置形態や学科の特質との関係で多様性をもって実施されることである。二つ目は，勤労観・職業観の確立についての指導や進路の選択決定についての指導など，HR活動を活用して展開できることである。三つ目は，勤労生産・奉仕的行事での就業体験など学校行事を活用して展開できることである。

第5節　特別支援教育と生徒指導

　ここでは，高等学校からそれ以後のことを対象とするため，学校教育の期間よりはるかに長い将来について考えることになる。視覚障害や重度の肢体不自由のように困り感が，誰の目から見ても明らかな場合は周囲も支援がしやすいが，学習障害のように困り感が見えにくいと，周囲は具体的に支援がしにくいだけではなく，「がんばりが足りない」「怠けている」等の誤解が生じる。この時期はさらなる主体的な自己調整能力に加えて，具体的な就労を相当に意識した支援が望まれる。また，学校以外の「地域での余暇や居場所づくり」が必要になる。

　図6-4に「特別支援教育と生徒指導」の就学前から高等学校卒業後までの全体的流れと生徒指導のキーワードを改めて確認し，高等学校の対応について述べる。

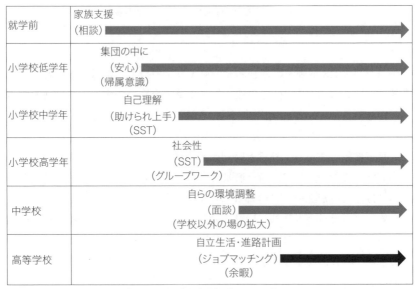

図6-4　「特別支援教育と生徒指導」の一貫性とキーワード

（安藤正紀，作成）

　特別な支援が必要な生徒の中学校卒業後の進路選択はきわめて厳しい状況にある。本人の思い，本人の学力，保護者の考え，家庭の経済状態によって，全日制，定時制，通信制，高等専門，高等専修，サポート校，フリースクール，特別支援学校高等部・分教室等の多岐にわたり，状況がかなり異なる場への進学とならざるを得ない場合がある。つまり，自分の意思と反していたり，今までの環境と大きく違うため，登校しぶり，不登校，退学そしてひきこもりなどへの移行がすべての進学先で想定できる。

　いずれの進学先においてでも，入学してすぐには，相当の具体（どこでどのように生活するか，どこに進学して何を学ぶか，どこに就職するか，福祉機関との連携が必要か）レベルを想定して，3年間で計画的に指導を進める必要がある。進学後も結局は就労の問題となるので，ここでは，就労に関する3点の指導について述べる。

1．「ジョブマッチング」が一番大事

キャリア教育では六つの進路指導の諸活動を述べている。

①自己理解

　生徒個人に関する諸資料を豊富に収集し，一人ひとりの生徒の能力・適性等を把握して，進路指導に役立てるとともに，生徒にも将来の進路との関連において自分自身を正しく理解させる活動である。

②進路情報

　職業や上級学校等に関する新しい情報を生徒に与えて理解させ，それを各自の進路選択に活用させる活動である。

③啓発的体験

　生徒に経験を通じて，自己の能力・適性等を吟味させたり，具体的に進路に関する情報を得させたりする活動である。

④進路相談（キャリアカウンセリング）

個別あるいはグループで，進路に関する悩みや問題を教師に相談して解決を図ったり，望ましい進路の選択や適応・進歩に必要な能力や態度を発達させたりする活動である。

⑤就職・進路指導援助

就職，進学，家業・家事従事など生徒の進路選択の時点における援助や斡旋などの活動である。

⑥追指導

生徒が卒業後それぞれの進路先においてよりよく適応し，進歩・向上していくように援助する活動である。

特別に支援が必要な生徒の進路指導は①〜③の丁寧な繰り返しである。特に③はインターンシップまたはデュアルシステムまたは特別支援学校では職場実習という，希望する職場での実習を何度でも繰り返し実施することが必要である。その職場に慣れ，居場所を作ることが重要である。職場の人に慣れ，仕事内容がマッチすることである。

2.「ジョブコーチ」とは

厚生労働省のHPでは，「ジョブコーチ」の役割を下記の①〜③のように説明している。ジョブコーチとの協働は障害のあるなしにかかわらず，検討すべきであり，支援を必要としている生徒への活用が必要である。労働を通しての社会参加はとても重要なことである。

障害者本人だけでなく，事業所や障害者の家族も支援の対象としている。ジョブコーチが行う支援には，事業所の上司や同僚による支援（ナチュラルサポート）にスムーズに移行していくことを目指している。

①本人に対する支援
○人間関係，職場内コミュニケーション（挨拶，報告，職場内マナー等）
○基本的労働習慣（継続勤務，規則の遵守，生活リズムの構築等）

○職務遂行（職務内容の理解，作業遂行力の向上，作業態度の改善）

②雇用主に対する支援
○障害に係る知識（障害特性の理解と配慮，医療機関との連携方法）
○職務内容の設定（作業内容，工程）
○職務遂行に係る指導方法（指示や見本提示の仕方，作業ミスの改善方法等）
○従業員とのかかわり方（指示注意の仕方，障害知識の社内啓発の仕方）

③家族に対する支援
○本人の職業生活を支えるための助言

３．余暇と地域での居場所

　職場適応にはストレスマネジメントが必要で，その一番は余暇である。地域には多様なニーズに応じた余暇のサークルやさまざまな居場所（ホットステーション）を探すことができるが，その一例として，若者サポートステーションを厚生労働省のHPより紹介する。

　「地域若者サポートステーション（愛称：『サポステ』）では，働くことに悩みを抱えている15歳〜39歳までの若者に対し，キャリアコンサルタントなどによる専門的な相談，コミュニケーション訓練などによるステップアップ，協力企業への就労体験などにより，就労に向けた支援を行っています。

　サポステは，厚生労働省が委託した全国の若者支援の実績やノウハウがあるNPO法人，株式会社などが実施しています。

　『身近に相談できる機関』として，全国の方が利用しやすいよう全ての都道府県に必ず設置しています（全国173箇所）」。

https://www.mhlw.go.jp/stf/seisakunitsuite/bunya/koyou_roudou/jinzaikaihatsu/saposute.html

４．合理的配慮

　合理的配慮とは，教育や就業，その他社会生活において，障害のあるなしにかかわらず，平等に参加できるよう，それぞれの障害特性や困りごとに合

177

わせて行われる配慮のことである。2016年4月に施行された「障害者差別解消法（正式名称：障害を理由とする差別の解消の推進に関する法律)」により，この合理的配慮を可能な限り提供することが，行政・学校・企業などに義務づけられている。

　学校生活においては授業やテスト，行事，さらには食事や排泄，友達とのかかわりなど，さまざまな場面での配慮が必要となる。合理的配慮では，生徒にかかわる人々が一つのチームとなって，本人を交えて話し合うこと，つまり合意形成のプロセスが重要になる。

　合理的配慮には，以下のようなものが例に挙げられる。

・読み書きに困難がある子の場合，拡大教科書やタブレット，音声読み上げソフトを利用して勉強できるようにする。

・周りの刺激に敏感で集中し続けることができない子の場合，仕切りのある机を用意したり，別室でテストを受けられるようにしたりする。

・指示の理解に困難がある子の場合，指示を一つずつ出すようにしたり，見通しが立つようにその日の予定をカードや表にしたりする。

・肢体や視覚が不自由な子の場合，介助者や盲導犬の補助を受けながら学校生活を送れるようにする。

（LITALICOジュニアHPより，https://junior.litalico.jp/about/hattatsu/consideration/）

第6節　校内・保護者・地域・関係機関との連携と生徒指導

1. 高等学校における連携の在り方と生徒指導

　高等学校においては，各学校が校種などの特性を持つことや通学範囲が広くなることから，保護者・地域・関係機関との連携の幅も広がる。したがって，連携の範囲や方法・内容は，多種多様なものとなる。そのため，これらの連携は，それぞれの学校のもつ特性や課題に柔軟に対応し，実効性のある支援がなされるように努めていかねばならない。

　ここでは，学校・家庭・地域・関係機関それぞれの果たすべき役割に触れながら，「チーム学校」としての行動連携の在り方と生徒指導について考える。

２．校内連携の在り方

　学校においては，校務分掌という校内の役割分担によって，教師一人ひとりの果たすべき業務内容が定められている。しかし，生徒に健全な成長を促すためには，それらの業務の域を超えて連携し，適切な場面で最良の指導を行うことが必要となる。つまり，集団としての生徒，個人としての生徒のそれぞれに対して最高の教育効果を上げるためには，校内における各分掌を連携させ，有効に機能させることが求められる。

（1）全校生徒への生徒指導

　全校生徒を対象として指導を行う場合は，生徒指導の担当教職員のみに頼るのではなく，すべての教職員が方向性を同じくして，息のあった指導を行うことが大切である。このように教職員全体で全校生徒を見守り，支え導こうとする姿勢そのものが，生徒に安心感と信頼を抱かせるのである。

（2）各学年・各学級への生徒指導

　学年への指導は，学年主任を中心に所属職員が共通した目的と認識を持って行う。また，学級ごとに指導する場合は，各学年の目標に向かって一貫した内容に基づいて行う。いずれの場合においても対象とする生徒集団(学年・学級)の特性や理解度を十分に把握し，生徒達が納得する方法で，工夫しながら進めることが大切である。その際，並行して生徒一人ひとりの個性に応じたサポートを行うことで，生徒指導の徹底が図られる。また，その集団に必要とされていることを，生徒一人ひとりに実感させながら指導することによって，生徒に自己有用感を持たせることが可能になる。

（3）教科指導における生徒指導

　「わかる授業」によって学習意欲が向上することは，第２節においても述べたが，自己の成長を感じさせる教科指導上の工夫によって，さらなる向上心を育成することができる。例えば，資格試験へのチャレンジや生徒一人ひとりの学習を記録するなどの工夫が挙げられる。また，生徒自身に学習成果を記録させた場合には，自己管理能力も同時に養っていくことができる。

（4）キャリア教育における生徒指導

　生徒が望ましい勤労観・職業観を身に付け，正しい判断と確固たる目標をもって自らの進路を選択し，自己実現を果たせるように指導することは，学校教育の大切な役割である。具体的には，進路先の研究や体験的学習の機会を与えて自立へと支え導くことである。

実践事例：近未来ガイダンス〈F県立H高等学校〉

　実社会で活躍するさまざまな業種のプロを多数 招 聘 し，職務内容をはじめ，その職に就くための方法や学習の在り方等についての講座（45〜60講座）を行うものである。すべての生徒は，自らの興味・関心に応じて2〜3講座以上を受講する。生徒自身が自分の未来を描き，進路実現に向けた取り組みを行うことを目的としたもので，2001年から続く学校行事である。

　高等学校から大学や専門学校へ進学する場合，入試形態はAO・推薦・大学入学共通テスト利用の前期入試・後期入試とさまざまであり，進路を決定するための指導が長期にわたり必要となる。また，就職希望と進学希望の生徒が混在する学級では，指導内容や指導方法に柔軟な対応が求められる。このようなときこそ，他を思いやる全体指導と個々のモチベーションを高める個別指導とのバランスが重要性を増すのである。

３．保護者との連携

　生徒指導を行う上で保護者の理解と協力は必要不可欠であり，両者が緊密な連携のもと同じ方向性で進んでいかなければ，指導の効果は発揮できない。

（1）保護者との相互理解と生徒への支援

　学校の教育方針と具体的な指導方法について，保護者に理解を求めるとともに，生徒の性格や行動特性等を認識した上で，生徒の成長を促すための指導を行っていく必要がある。そのためには，保護者との相互理解と連携・協力こそが重要なポイントとなる。

(2) 保護者への情報提供と行動連携

　家庭と学校とが生徒の状況について情報交換を行うことで，生徒の現状を的確に掌握し，緊密に行動連携することで生徒への一貫性のある教育や指導が実現する。さらに，生徒に多くの人々から見守られ，サポートされているという安心感を与え，生徒の心の安定にもつながるのである。

４．地域との連携

　地域の持つ教育力は生徒の健全な育成の一翼を担うものであり，学校や保護者が地域社会と連携することにより，教育環境を充実させることができる。また，保護者が地域活動に参画することで生まれる教育的相乗効果も大きいものである。地域からの苦情が多かった学校が，さまざまな方法で地域と連携し，地域を味方に付けて安定感のある学校経営を実現したという事例も多く報告されている。

５．関係機関との連携
(1) 他の教育機関

　生徒指導関係者による研究協議会等の機関（都道府県・市町村教育委員会が主導するものや任意団体）は，学校間での情報の共有や連携を目的として，問題行動の未然防止や健全育成への支援・協力を行っている。

(2) 警察・司法関係

　警察・家庭裁判所・保護観察所や保護司は，問題行動を起こした生徒の補導や矯正・更生をはじめ，児童・生徒を社会の犯罪から守るための防犯パトロール等を行っている。

(3) 福祉関係

　児童相談所・発達障害者支援センター・福祉課・児童養護施設は，児童・生徒の保護と健全な育成を行うとともに，保護者に対して子育てのための支援・協力を行っている。

182

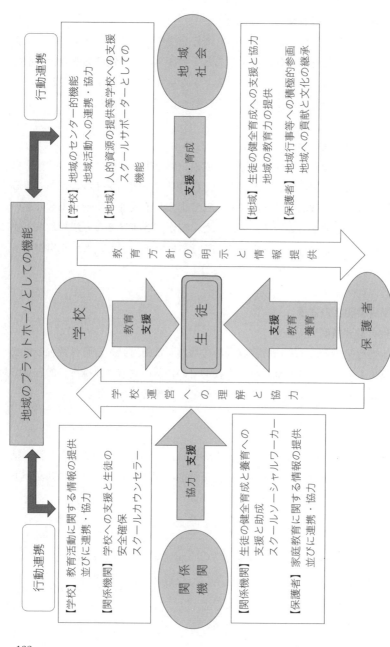

図6-5 生徒を取り巻く環境と行動連携

（田中靖人．作成）

地域のプラットホームとしての機能

行動連携

行動連携

行動連携

[学校] 地域のセンター的機能
地域活動への連携・協力

[地域] 人的資源の提供等学校への支援
スクールサポーターとしての
機能

地域社会

支援・育成

[地域] 生徒の健全育成への支援と協力
地域の教育力の提供

[保護者] 地域行事等への積極的参画
地域への貢献と文化の継承

教育方針の明示と情報提供

学校

教育支援

生徒

保護者

支援
教育養育

学校運営への理解と協力

協力・支援

[学校] 教育活動に関する情報の提供
並びに連携・協力

[関係機関] 学校への支援と生徒の
安全確保
スクールカウンセラー

関係機関

[関係機関] 生徒の健全育成と養育への
支援と助成
スクールソーシャルワーカー

[保護者] 家庭教育に関する情報の提供
並びに連携・協力

（4）保健・医療機関

　生徒の健全な育成を目指すためには，健康を害する事柄について正しい知識を身に付けさせる必要がある。薬物乱用防止学習等の指導は，警察だけでなく保健・医療機関の協力を得て啓発活動に努めることが大切である。

（5）その他

　近年，各地区の防犯協会や自治会等の協力や支援は，生徒の安心・安全を確保するだけでなく，積極的な社会参加を促す効果があるものとして脚光を浴びている。また，NPO法人等が生徒と社会人つなぐ活動をコーディネートしている事例もある。

6．プラットホームとしての学校の役割

　学校・家庭・地域等の教育力が有効に発揮され，生徒を適切に導くために，学校には，保護者・地域・関係機関等の人や情報をつなぐプラットホームとしての機能を持つことも求められるのである。

　生徒を取り巻く環境と相互の関係は，図6-5のように示される。（コラム⑯p.190参照）

学 習 課 題

（1）担当する教科の指導にあたって，どのような学習のルールづくりをするのか。生徒の自主性や意欲を高めるという観点から説明しなさい。
（2）高等学校における人間としての在り方生き方に関する教育は，中学校における人間としての生き方に関する学習をどのように発展させているか説明しなさい。
（3）「合理的配慮」について，教育，労働，社会生活における例を説明しなさい。
（4）保護者や地域社会との連携を強化していくための方策について，具体的に説明しなさい。

〈注〉

1　文部科学省「平成16年度　特別活動実施状況調査」（2017年8月16日 最終閲覧）
　　http://www.mext.go.jp/b_menu/shingi/chukyo/chukyo3/004/siryo/06101306/003/006.
　　htm
2　蘭千壽・高橋知己『キャリアアップ学級経営力──ハプンスタンス・トレーニング
　　中学校編』誠信書房，2008年，p.17

〈参考文献〉
・安藤壽子・安藤正紀編著『親子バトル解決ハンドブック──発達障害の子と奮闘するマ
　マ＆パパのトークサロン』図書文化社，2014年
・片山紀子『入門生徒指導──「生徒指導提要」から「いじめ防止対策推進法」まで（新訂版）』
　学事出版，2014年
・小泉令三編著『よくわかる生徒指導・キャリア教育』ミネルヴァ書房，2010年
・坂田仰編著『生徒指導とスクール・コンプライアンス──法律・判例を理解し実践に活
　かす』学事出版，2015年
・佐藤晴雄『学校を変える　地域が変わる──相互参画による学校・家庭・地域連携の進
　め方』教育出版，2002年
・佐藤仁美・西村善文編著『改訂版　思春期・青年期の心理臨床』放送大学教育振興会，
　2013年
・庄司一子監修・杉本希映・五十嵐哲也編著『事例から学ぶ児童・生徒への指導と援助（第
　2版）』ナカニシヤ出版，2015年
・中谷彪ほか編『生徒指導のフロンティア（新版)』晃洋書房，2013年
・日本生徒指導学会編著『現代生徒指導論』学事出版，2015年
・林尚示『学校の「いじめ」への対応とその予防方法──「生徒指導」と「特別活動」の
　視点から』培風館，2014年
・林尚示編著『〈教師のための教育学シリーズ9〉特別活動──理論と方法』学文社，2016
　年
・林尚示・伊藤秀樹編著『〈教師のための教育学シリーズ10〉生徒指導・進路指導──理
　論と方法』学文社，2016年
・保坂亨『いま，思春期を問い直す──グレーゾーンにたつ子どもたち』東京大学出版会，
　2010年
・村瀬嘉代子・三浦香苗・近藤邦夫・西村克彦編『青年期の課題と支援』新曜社，2000年
・文部科学省「高等学校学習指導要領解説　総則編」2018年
・文部科学省「高等学校キャリア教育の手引き」2011年a
・文部科学省「小学校キャリア教育の手引き（改訂版)」2011年b
・文部科学省「中学校キャリア教育の手引き」2011年c

〈より深く学習するための参考文献や資料〉

・石川美智子『チームで取り組む生徒指導――アクティブ・ラーニングを通して深く学ぶ・考える』ナカニシヤ出版，2015年

・佐藤晴雄『コミュニティ・スクール――「地域とともにある学校づくり」の実現のために』エイデル研究所，2016年

・西林克彦ほか編『〈教員養成のためのテキストシリーズ　第5巻〉青年期の課題と支援』新曜社，2000年

・堀裕嗣『生徒指導10の原理・100の原則――気になる子にも指導が通る110のメソッド』学事出版，2012年

・藤平敦『若手教員の力を引き出す　研修でつかえる生徒指導事例50』学事出版，2016年

・国立教育政策研究所　生徒指導研究センター「生徒指導の役割連携について――生徒指導主事に求められる具体的な行動（高等学校編）」2011年

・文部科学省「生徒指導提要」2010年

コラム⑭　校則（school code）

　文部科学省は，校則を「児童生徒が健全な学校生活を営み，より良く成長・発達していくため，各学校の責任と判断の下にそれぞれ定められる一定の決まり」とした上で，「校則自体は教育的に意義のあるものですが，その内容・運用は，児童生徒の実態，保護者の考え方，地域の実情，時代の進展などを踏まえたものとなるよう，積極的に見直しを行うことが大切」と示している。

　「生徒指導提要」（2010）では校則を「学校が教育目的を実現していく過程において，児童生徒が遵守すべき学習上，生活上の規律として定められており，児童生徒が健全な学校生活を営み，よりよく成長していくための行動の指針として，各学校に定められている」，「児童生徒が心身の発達の過程にあることや，学校が集団生活の場であることなどから，学校には一定の決まりが必要であり，学校教育において，社会規範の遵守について適切な指導を行うことは極めて重要」と示している。

　『新教育学大事典』では，校則とは「法律上の用語ではなく，また校則に対する一致した定義もみられない」とした上で，狭義には「個々の学校において，児童生徒の学習や学校生活における行為・行動のあり方，基準ないしは守るべき事項を定めた，いわゆる生徒規則ないし生徒心得」としている。広義には「学校という組織を秩序正しく管理運営し，その目的である教育を円滑に行うために，学校の内部において定められる管理規則の総称」としており，いずれにしても明確な法的根拠は存在していない。

　校則は中学校や高等学校で，生徒指導の大綱的基準として定めた学校内規の一種であり，学校生活（学習面・生活面）の指針として各種の行動規範を示した生徒の心得とも言える。生徒規則は学則の施行細則の性格を持ち合わせるが，学則とは異なり法令上の根拠はなく，学校として「期待される生徒像」を示したものである。その内容は学校の教育方針，服装・髪形・所持品の規制，学習態度，学校内外での行動，自動車・オートバイの規制，アルバイト等について規定している。

　しかし生徒規則の規制が細かすぎると生徒の自主性を損なう恐れがある。教師は生徒に校則や生徒規則を一方的に押し付けるのではなく，その意味や理由を丁寧に説明し，生徒達と共に話し合い，生徒自らが校則を守る意義や必要性について理解できるように「指導」と「支導」をしたいものである。

　新任教師や赴任先が変更になった教師は，校長や同僚と共に校則を確認し，生徒が納得するような説明ができるようにしなければならない。なぜなら校則に対する解釈が教師によって異なると生徒に混乱が生じるためである。

　「A先生はこう言っているけど，B先生は反対のことを言っている」，「C先生は厳しいけど，D先生は優しいから大丈夫」という現象が起こると校則がなし崩しになり，生徒の都合のよいことを聞き入れてくれる教師には近寄るが，正論を伝えている教師が敬遠されることがある。

　ここで，制服を着る理由について考えてみたい。制服は英語で「uniform」であり，「Uni（一つの）＋form（形）＝「一つの形」」という意味がある。制服を着用する警察官・消防士・自衛官・看護師・CA等は，他者から見てすぐに誰かわかるという利点がある。中・高校生の制服（校章・名札）でも学校が判明し，平日の就学時間に街中を歩いていると地域の人々にもわかりやすいため，学校に連絡してもらえれば生徒が事故や事件等に巻き込まれることを未然に防ぐことができる。また制服を着用することで，学校への帰属意識が高まることや経済格差への配慮等も見込まれる。

　校則に加え，規範・ルール・マナー・モラルを区別して「指導」と「支導」をしたいものである。

表　規範・ルール・マナー・モラル

意味	規範（norm） その社会の良きモデルとなるような行動や思想の基準 内的規範：私達一人ひとりが自分自身や他人に対して「こうありたい」，「こうあるべきだ」と考える行為の基準 社会規範：社会の成員によって「こうあるべき」と明示的あるいは暗黙のうちに了解されている行為の基準		
	ルール（rule）	マナー（manner）英語 エチケット（etiquette）仏語	モラル（moral）
	規定・規則・基準・法律	態度・礼儀 思いやり・心遣い	道徳心・倫理・人生や社会に対する精神的態度 善悪を判断する基準
適用範囲	部分的に適用	概ね社会全体に適用 マナー：公共に対する礼儀作法や気遣い エチケット：個人に対する礼儀作法や気遣い	他人の存在に関係なく適用
使い方	強制されて従う	自発的に守る	良心に従う
違反した場合	法令等による罰則あり	罰則はないが，非難される	自戒・自責の念
例	時間を守る・掃除をする 授業の約束事や校則を守る 自転車の信号無視や速度違反	挨拶・話し方や聴き方 音をたててすすって食べない 電車内では通話をしない 香水をつけすぎない	困った人がいたら助ける 花に水をあげる 電車で妊婦や高齢者に席を譲る

〈参考文献〉
苅谷剛彦『学校って何だろう——教育の社会学入門』ちくま文庫，2005年

コラム⑮　自由と規律の関係性

　自由とは，仏教用語で「自らを由（根拠）とする」であり，自分で決めて行動したのだから，その結果，いかなる事態が引き起こったとしてもすべて「自分を理由にする」ということである。つまり，自由に選んだ結果，何が起きてもその責任は自分にあり，人になすりつけてはならないのである。

　仏陀は，弟子達に「自らを拠り所とし，他のものを拠り所とせずにあれ」と教えたといわれ，私達の行動の判断は，自らに由るよりも，むしろ他の意見や権力によって支配されることが多い。そこには自由がないからブッダは「自らによれ」と教えたのである。

　「由」は「よる・もとづく」「それを原因とする・起因する」の意味があり，他に由らず，独立して，自存すること，すなわち「自らにもとづく・自らによること」が自由である。

　すべての「由」を，「自ら」に求めること，つまり自分で考え，自分で行動した結果，自分で自分の責任を負うことで，自分の存在，その瞬間を創っていくことが自由である。

　自由の反対語は，「専制・統制・束縛」であり，規律ではない。規律の反対語はなく，自由をある程度束縛するものである。池田潔著『自由と規律――イギリスの学校生活』（1949年，岩波新書）は名著であり，児童生徒と向き合い，生徒指導を行う際に自由と規律の関係性はどのように捉えるべきか，以下の図を参考に自分なりに考えてほしい。

図　自由と規律の関係性のイメージ図（サンプル）

　「小学校学習指導要領解説　特別の教科　道徳編」（2017〈平成29〉年告示）には「自律的に判断し，責任のある行動をする」とある。何ものにも捉われない自由な考え方や行動が大切な反面，「放縦」とは区別することや自由意志によっておおらかに生きながらも，責任感の支えによって判断し，行動する

という自律性が求められている。当然であるが，自由意志による行動には先述した通りに責任が伴うのである。

　自律とは，「他からの支配や助力を受けず，自分の行動を自分の立てた規律に従って正しく規制すること。自己の欲望や他者の命令に依存せず，自らの意志で客観的な道徳法則を立ててこれに従うこと」である。反対語の他律とは，「自らの意志によらず，他からの命令，強制によって行動すること」である。

　筆者は「自律＝自由＋規律」であると解釈しているが，生徒指導上では教師がいかにこの自由と規律の比重やバランスをとるかが重要である。自由がないと学級は硬直して息が詰まり，規律がないと学級崩壊になってしまう可能性もある。個別・集団指導，時期や学校行事，TPOなどによってもそのバランスは異なるため，さじ加減は教師の教育観と児童生徒理解がカギである。また，自由と規律を考える際に「自発的・自主的・自律性・主体性」の意味が混同して使用されることが多いため，整理をして意識的に区別をして児童生徒に向き合いたいものである。

表　自発的・自主的・自律性・主体性

自発的	自ら内に沸き上がる思いや判断に基づいて行動すること。
自主的	他者に依存することなく，他者に責任転嫁することなく，自らの考えと責任において行動すること。
自律性	自分の欲求や衝動をそのまま表出したり，行動するのではなく，必要に応じて抑えたり，計画的に行動すること。
主体性	与えられたものでも自分なりに意味づけや工夫を加えたりし，単なる客体として受動的に行動するのではなく，主体として能動的に行動すること。

コラム⑯　支援・指導ニーズピラミッドとチーム学校

　子どもの貧困対策の推進に関する法律第一条においては，「子どもの将来が
その生まれ育った環境によって左右されることがない」ように，学校を子ど
もの貧困対策のプラットホームとして位置づけている。

　学校は①教育及び教育費に関する支援，②低所得世帯への無料学習支援，
③奨学金の充実，④乳幼児期からの早期対応の充実，⑤子ども・親に対する
サポートシステムの構築，⑥親の就労に関する支援，⑦職業能力が十分でな
い者に対する職業訓練等の施策を実行する基盤であり土台となる場所である。

　政府は，教育の支援（SCとSSWの配置を増員，幼児教育の段階的無償化
など），生活の支援（ひとり親家庭の子どもの生活・学習支援事業の実施など），
保護者に対する就労の支援（高等職業訓練促進給付金の充実，高等職業訓練
促進資金貸付事業など），経済的支援（児童扶養手当の多子加算分の倍増など）
の四つを取り組んでいる。なかでも教育の支援は学校及び教師にとっては直
接的なものであり具現化が求められている。

　図1からは，家庭養育問題が起因である子どもの貧困に該当する割合が非
常に高いことがわかり，教師のみならず福祉的支援が必要であることがわかる。

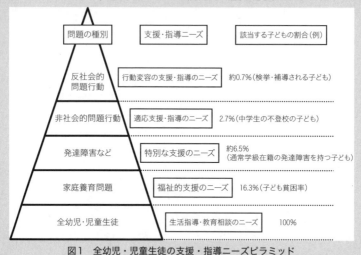

図1　全幼児・児童生徒の支援・指導ニーズピラミッド

出典：川北稔「教員は子どもの問題行動の背景をどう理解するか──教職大学院の授業にお
　　ける『子どもの問題フレーム』の活用」『愛知教育大学教育創造開発機構紀要』Vol.5,
　　2015年，p.196（子どもの貧困率は2012年）

　河村茂雄（2007）は、「①基本的生活習慣を身につけている子どもが３割を切っている、②６人以上の友達がいて中集団で活動ができると考えられる子どもが３割を切っている、③身近な小グループには気を遣うがそれよりも心理的距離が遠い相手には気を遣う意識が急低下する、④小グループの友達には気を遣うが表面的なかかわりしかしていない、⑤学校などで集団生活ができる程度に社会性が育っていない状態の子どもが２割程度いる」[1]と指摘している。この要因は家庭教育と関連し経済的に困難な家庭では深刻化する可能性がある。これらの諸問題は教師だけで解決することは困難であり、SCやSSW等の専門職と連携し、コンサルテーションを推進しながら協働するチーム支援が必要であり、チーム学校として行うべきである。そのためには、教師がSCやSSWの役割や専門性を認識した上で連携を図らなければならない。

　鈴木庸裕他（2016）は「学校でSCとSSWがしっかりと相互の専門性を活かすことができるのは、教師が両者の間にいて３者の関係を生み出している」[2]とし、教師はSCとSSWの調整役となることで各々の専門性を発揮し協働することができる。教師とSCとSSWの関係性は、チーム学校として諸問題に対応する際の実践において重要な観点である。（図２）教師は家庭の経済状況に踏み込めない事情の中で、子どもの服装や持ち物、給食費未納を契機に経済的な困窮状態を把握することや、外部の関係機関につなぎ、子どもをチーム学校として支援する役割がある。

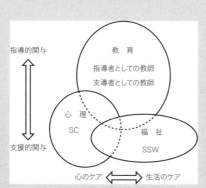

図２　学校における教育・心理・福祉の関係　鈴木庸裕他（2016）をもとに筆者一部加工

〈注〉

1　河村茂雄『データが語る③家庭・地域の課題』図書文化、2007年、p.116
2　鈴木庸裕・佐々木千里・住友剛編著『子どもへの気づきがつなぐ「チーム学校」』かもがわ出版、2016年

終 章

2030年代の生徒指導・進路指導
～子ども達の未来に向けて～

第1節 「2030年」を取り上げる意味

1．3人に1人が65歳以上の高齢者

　なぜ，2030年を取り上げるのだろうか。それは，日本の人口構造が変化をすることにより，社会が変化をすることが予測されているからである。「国立社会保障・人口問題研究所」によると，2010年には約1億2,700万人だった人口は2030年には約1億1,900万人に減少し，そのうちの約31％にあたる約3,716万人が65歳以上の高齢者となるとのことである。つまり，3人に1人が65歳以上の高齢者ということになる。

　内閣府の調べによると，2015年における世界の先進地域における高齢化率は約18％である。しかし，日本の高齢化率は約27％であり，当時の世界で最も高い数値となっているそうである。

　参考までに，世界保健機構（WHO）による高齢化社会についての定義は以下の通りである。

・高齢化率が7％～14％　＝「高齢化社会」 ・高齢化率が14％～21％　＝「高齢社会」 ・高齢化率が21％以上　　＝「超高齢化社会」

＊高齢化率＝総人口における65歳以上人口が占める割合

　我が国の人口の推移（表7-1）を見ると，1970年に高齢化率が7％を記録し，「高齢化社会」へ，そして，1995年には15％を記録し「高齢社会」に

表7-1　我が国の人口の推移

単位：万人

	14歳以下人口	15～64歳人口	65歳以上人口	総数	高齢化率
1950	2,979	5,017	416	8,411	5%
1955	3,012	5,517	479	9,007	5%
1960	2,843	6,047	540	9,430	6%
1965	2,553	6,744	624	9,921	6%
1970	2,515	7,212	739	10,466	7%
1975	2,722	7,581	887	11,189	8%
1980	2,751	7,883	1,065	11,699	9%
1985	2,603	8,251	1,247	12,101	10%
1990	2,249	8,590	1,489	12,328	12%
1995	2,001	8,716	1,826	12,544	15%
2000	1,847	8,622	2,201	12,670	17%
2005	1,752	8,409	2,567	12,729	20%
2010	1,680	8,103	2,925	12,708	23%
2015	1,586	7,592	3,342	12,520	27%
2020	1,508	7,406	3,619	12,533	29%
2025	1,407	7,170	3,677	12,254	30%
2030	1,321	6,875	3,716	11,913	31%
2035	1,246	6,494	3,781	11,522	33%
2040	1,197	5,978	3,921	11,092	35%
2045	1,138	5,585	3,919	10,642	37%
2050	1,077	5,275	3,841	10,192	38%
2055	1,012	5,028	3,704	9,744	38%
2060	951	4,793	3,540	9,284	38%

2015年までは総務省「国勢調査」（年齢不詳人口を除く），2020年以降は国立社会保障・人口問題研究所「日本の将来推計人口（平成29年1月推計）」

突入した。さらに2010年には高齢化率が23％を超えており，「超高齢化社会」として現在に至っている。このように，「高齢化社会」となってから，「超高齢化社会」までにたった40年弱しか経っていない国は，世界中で日本だけとのことである。

2．今後100年に予想される社会状況

　2030年のみならず，今後100年の人口減少による，予想される社会の状況は表7-2の通りである。

表7-2　予想される社会状況

年	内容	年	内容
2019年	IT人材ピーク，人手不足顕在化		空家が2167万戸，3戸に1戸は空家
2020年	女性の過半数が50歳以上，出産可能な女性が大きく減る	2033年	老朽化したインフラの修繕・更新費用が最大5兆5千億円
2021年	団塊ジュニア世代が50歳代，介護離職が増え始める	2035年	男性の3人に1人，女性は5人に1人が生涯未婚の「未婚大国」
2022年	団塊世代が75歳，「一人暮らし社会」が本格化	2039年	死亡者数168万人，火葬場不足が深刻化
2023年	団塊ジュニア世代が企業の中軸，企業の人件費ピーク	2042年	高齢者数がピーク（3935万人）
2024年	団塊世代がすべて75歳，社会保障費が大きく膨らむ	2045年	東京都民の3人に1人が高齢者
2025年	東京都の人口がピークの1398万人	2050年	世界人口が97億人，食料争奪戦に巻き込まれる
2026年	高齢者の5人に1人が認知症患者	2060年	総人口8674万人，約2.5人に1人が高齢者
2027年	献血必要量が不足し，手術手術・治療への影響懸念	2076年	年間出生数50万人を割り込む
2030年	団塊世代の高齢化で東京郊外でもゴーストタウン	2115年	総人口は5055万人（現在の6割減）

「人口減少　100年カレンダー」（河合雅司，2017）をもとに作成（藤平敦，作成）

　このように，少子高齢化により，今後100年で，日本の社会状況が大きく変化していくことが現実的に想定されている。そうなると，今後は，衣食住ともに，高齢者を主なターゲットにしたビジネスが展開されていくことになるであろう。

3. 2030年代の働き方について

　「働き方の未来2035〜一人ひとりが輝くために〜」という報告書が，2016年8月に厚生労働省から公表された。報告書によると，「少子高齢化がさらに進む」ことにより，「労働力人口を増やすべく，高齢者や女性の活躍，外国人人材の受け入れ等が声高に叫ばれているが，さまざまな人が真に働きやすい社会・環境を作れるかは，これからの20年，我々がどう考えどう行動するかにかかっている。だからこそ，今すぐに我々は我々が目指すべき未来をしっかり考え，そのためのステップを一つひとつ進んでいかなければならない」としている。

　また，「産業別就業者数の将来予測では，情報通信業，医療・福祉，その他サービスのみが増加と予測されており，その他の産業は軒並み減少となっている。

医療・福祉をはじめとして，これから2035年に向けて，最先端技術を活用した効率化，省力化が実現され，付加価値のある新たなサービスが生まれてこなければならない」としている。

このようなことから，近年，AI（Artificial Intelligence，人工知能）に対する注目が高まっており，今後，さらに，人の働き方などに大きな影響を及ぼすことと考えられる。ただし，AIが進展することによって，AIと人間の役割はどのように変化をしていくのであろうか。

AIの進展により，人間の仕事はすべてなくなってしまうのであろうか。たとえ専門性を求める仕事であっても，パターン化できる仕事であれば，AIやロボットが行う可能性が高くなるであろう。しかし，心がこもった，人間のサービスを求める人は，今も昔も変わらない。そのため，サービス業などにおいては，AIやロボットが行う部分と，人間が行う部分とを分ける場合が見られるだろう。つまり，AIやロボットにパターン化できる中間的な仕事を任せて，仕事の企画や立案，そして，経営の仕事は，当然，人間が行うべきであろう。また，商品を開発することは人間が行い，その商品を提供するのはAIやロボットであるというような形態が増加していくと考えられる。

少子高齢化社会による労働人口の減少により，複数の企業等に籍を置いて，仕事をする人も増加してくることが考えられる。そして，そのことと関連して在宅勤務やテレワークが増加していくことも予測される。すでに，某大手企業では，総合職を対象にした在宅勤務制度を始めており，子育てや介護をしている社員等は，勤務時間内に4時間だけ在社すれば，残りは在宅で仕事ができるようにするというものである。この企業では，すでに2.5万人が在宅勤務をしている。このように，子育て支援や介護等による離職を防ぐ狙いで在宅勤務を導入する企業が増えてきている。また，某市町村では，第3セクターとして，「テレワークオフィス」をJRの駅前に開設し，利便性を重視した仕事場所を提供している。

以上のように，2030年代の働き方は，AIやロボットの技術が進展することにより，人が働く場所に関する物理的な制約がなくなり，好きな時に，好きな場所で仕事ができるようになっていくであろう。そして，このような働

196

き方では，仕事の報酬は成果で評価されることになり，無駄な残業や長時間勤務は減少していくことであろう。

　そうであるならば，前述したように，複数の企業に籍を置いて仕事をすることが可能になる。この場合，よりたくさんの報酬を得るために，複数の企業で働くということではなく，社会貢献や地域貢献とともに，自己有用感や自己充実感などと，働くことの意義が広がっていくことにもつながると考えられる。

第2節　「2030年」の学校教育

1．社会に開かれた教育課程

　少子高齢化がさらに進行し，2030年には「超高齢化社会」となり，65歳以上の人口は3人に1人であるということは，すでに確認をした。また，2030年代には，労働人口の減少に伴い，現在の子ども達が将来就く職業の在り方についても，大きく変化することが予測されている。このような社会の中で，子ども達一人ひとりが社会的自立を果たすことができるように，学校教育も柔軟に変化をしていくことが求められている。

　2017（平成29）年3月に小学校と中学校の「学習指導要領」，また，2018（平成30）年3月に「高等学校学習指導要領」が改訂された。改訂された小学校の「学習指導要領」は，2020年から2030年頃までの10年間，子ども達の成長を支える重要な役割を担うことになる。そのため，今回改訂された「学習指導要領」は，2030年の社会の在り方を見据えながら，さらに，その先の社会で，子ども達一人ひとりが自立できるように作成されている。

　今回の改訂では，「次世代の学校・地域創生プラン（馳プラン）」（図7-1参照）を踏まえて，学校は，よりよい社会を作るという目標のもと，教育課程を介して地域社会とつながるために，「社会に開かれた教育課程」をこれからの教育課程の理念として掲げ，3点を重点項目としている。

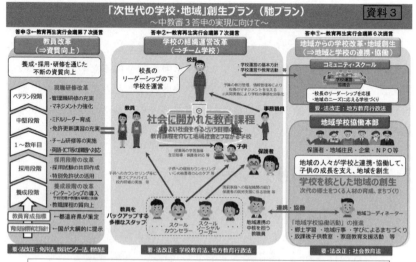

図7-1 「次世代の学校・地域創生プラン（馳プラン）」

（文部科学省, 2016)

〈社会に開かれた教育課程〉

1　社会や世界の状況を幅広く視野に入れ，よりよい学校教育を通じてよりよい社会を創るという目標を持ち，教育課程を介してその目標を社会と共有していくこと。

2　これからの社会を創り出していく子供たちが，社会や世界に向き合い関わり合い，自分の人生を切り拓いていくために求められる資質・能力とは何かを，教育課程において明確化し育んでいくこと。

3　教育課程の実施に当たって，地域の人的・物的資源を活用したり，放課後や土曜日等を活用した社会教育との連携を図ったりし，学校教育を学校内に閉じずに，その目指すところを社会と共有・連携しながら実現させること。

（文部科学省, 2017a)

　学校が社会の中の学校であるためには，当然，学校教育の要である教育課程も社会とのつながりを重視する必要がある。学校が教育課程を介して社会との接点を持つことは，とても大切なことである。2030年の社会に目を向け，社会の変化を柔軟に受けとめたうえで，「社会に開かれた教育課程」としての役割を担うことが，これからの教育課程に期待されている。

　特に，教育課程を実施していくためには，③の「地域の人的・物的資源を活用したり，放課後や土曜日等を活用した社会教育との連携を図ったりし，学校教育を学校内に閉じずに，その目指すところを社会と共有・連携しながら実現させること」が強く求められている。

　なお，2030年の社会に向けて，地域全体で子ども達を育んでいくためには，地域全体で子ども達の成長を支える仕組みをつくることが大切なことである。（図7-2）

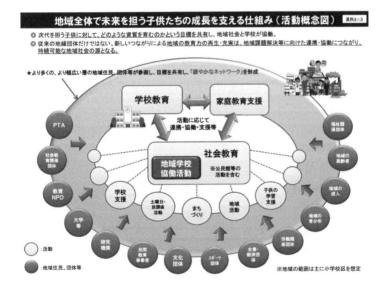

図7-2　地域全体で子供たちの成長を支える仕組み

（文部科学省，2016）

2. 「主体的・対話的で深い学び」

2030年の人の働き方は，地域社会の在り方にも大きな変化をもたらすことであろう。在宅勤務が増加し，自らの生活を重視するようになれば，実際に居住する地域社会の役割が再び重要視されることになるであろう。

また，これまでは，同じ企業で働いているという仲間意識から，同じ職種や専門領域で働いているという共通意識へ移行するとともに，ソーシャル・ネットワーキング・サービス（SNS）などによる，疑似社会が増加することも予測できる。社会でのコミュニケーションの形態が増加することは，学校においても，これまで以上に，子ども達同士がかかわる機会を意図的につくる必要があるであろう。このことは，特別活動のみならず，通常の授業においても，意図的・計画的に行う必要がある。

今回の「学習指導要領」改訂の大きなポイントは，「主体的・対話的で深い学び」と「情報活用能力（ICT活用能力）」である。「主体的・対話的で深い学び」には，「形式的に対話型を取り入れた授業や特定の指導の型を目指した技術の改善にとどまるものではなく，子供たちそれぞれの興味や関心を基に，一人一人の個性に応じた多様で質の高い学びを引き出すことを意図するものであり，さらに，それを通してどのような資質・能力を育むかという観点から，学習の在り方そのものの問い直しを目指すものである」（中央教育審議会答申，下線部は筆者）とある。

また，「小学校学習指導要領総則」の第3 教育課程の実施と学習評価の1「主体的・対話的で深い学びの実現に向けた授業改善」では，「単元や題材など内容や時間のまとまりを見通しながら，児童の主体的・対話的で深い学びの実現に向けた授業改善を行うこと」とした上で，「特に，各教科等において身に付けた知識及び技能を活用したり，思考力，判断力，表現力等や学びに向かう力，人間性等を発揮させたりして，学習の対象となる物事を捉え思考することにより，各教科等の特質に応じた物事を捉える視点や考え方（「見方・考え方」）が鍛えられていくことに留意し，児童が各教科等の特質に応じた見方・考え方を働かせながら，知識を相互に関連付けてより深く理解したり，情報を精査して考えを形成したり，問題を見いだして解決策を考えたり，思いや考えを基に創造したりすることに向かう学習の過程を重視するこ

と」と明記されている。

　このように，すべての教科等で「主体的・対話的で深い学び」を取り入れた授業改善を行うことが求められているのである。

　つまり，2030年代の働き方では，与えられた仕事をひたむきに取り組むだけではなく，自ら現状と課題を把握した上で，企画立案して物事に取り組むような主体性が求められるからであろう。

　「情報活用能力の育成」も，すべての教科等で行うことが求められている。

　「小学校学習指導要領総則」の第3　教育課程の実施と学習評価の1「主体的・対話的で深い学びの実現に向けた授業改善」の（3）では，「情報活用能力の育成を図るため，各学校において，コンピューターや情報通信ネットワークなどの情報手段を活用するために必要な環境を整え，これらを適切に活用した学習活動の充実を図ること。また，各種の統計資料や新聞，視聴覚教材や教育機器などの教材・教具の適切な活用を図ること」と明記されている。

　「児童がコンピューターで文字を入力するなどの学習の基盤として必要となる情報手段の基本的な操作を習得するための学習活動」と「児童がプログラミングを体験しながら，コンピューターに意図した処理を行わせるために必要な論理的思考力を身に付けるための学習活動」を，各教科等の特質に応じて計画的に実施することとしている。

　つまり，2030年代の働き方では，在宅勤務やテレワークが増加することから，円滑に仕事をしていくためには，コンピューターを活用することは不可欠だからである。

図7-3　ICTを活用した授業

　さらに，中央教育審議会答申の「2030年の社会と子供たちの未来」では，「解き方があらかじめ定まった問題を効率的に解いたり，定められた手続を効率的にこなしたりすることにとどまらず，直面する様々な変化を柔軟に受け止め，感性を豊かに働かせながら，どのような未来を創っていくのか，どのように社会や人生をよりよいものにしていくのかを考え，主体的に学び続けて自ら能力を引き出し，自分なりに試行錯誤したり，多様な他者と協働したりして，新たな価値を生み出していくために必要な力を身に付け，子ども達一人ひとりが，予測できない変化に受け身で対処するのではなく，主体的に向き合って関わり合い，その過程を通して，自らの可能性を発揮し，よりよい社会と幸福な人生の創り手となっていけるようにすることが重要である」としている。

　「生き抜く力を育む」という理念の具体化には，「生きて働く"知識・技能"の習得」，「未知の状況にも対応できる"思考力・判断力・表現力等"の育成」，「学びを人生や社会に活かそうとする"学びに向かう力・人間性"の育成」の3本の柱を偏りなく実現することが必要だとしている。

3．子どもが自分で育つように働きかける

　自ら進んで行動するという意味で用いられている「自主的」と「主体的」であるが，両者の意味は異なる。自主的は，やるべきことが決まっており，その行動を人に言われる前に自らやること。主体的は，何をやるかは決まっていない状況で，自分で考えて判断し，行動すること。具体的には，部活動の顧問（教師）から与えられたトレーニングメニューに（子どもが）積極的に取り組むことが自主的。全員一律に与えられたメニューをベースにしながらも，自分の弱い部分を強化するメニューを（子ども自らが）加えて取り組むことが主体的。「高校生や大学生なら主体的を求めてもいいが，低年齢の子どもは自主的から始めるべきではないか」と思われる方もいるだろう。もちろん，発達段階に応じて，自主的から段階的に進めていくことが大切なことである。しかし，現行の「幼稚園教育要領」には，幼児の主体的な活動を促すことの必要性が記述されている。自らの発想を大切にしていることが幼児教育であり，遊び方自体も自分達で考えさせている幼稚園は少なくないのである。

　ところで，学校教育の内容に対する企業側の不満の一つに「課題の解決に向けたプロセスを明らかにし，準備する力」があり，この項目については，学校（小中高大）の先生方も，意識して指導している比率が他の項目に比べて低いという調査結果がある（2012〈平成24〉年経済産業省調査）。また，「若手社員の傾向として，指示をした仕事には素直に取り組むが，自らシナリオを描いて仕事に取り組む人は少ない」と話す企業の方も少なくない。これらは，学校教育で，（子どもの）主体的な力の育成が不足していることを意味している。すでに，改訂作業が始められている次期「学習指導要領」の柱の一つが「課題の発見・解決に向けて主体的・協働的に学ぶ学習の充実」である。今後は今まで以上に子どもの主体性を育むことが求められている。

　では，実際の授業では，具体的に何をしたらよいのだろうか？　主体的な力の育成というと，何だかとても難しそうに感じる。しかし，日頃の授業で子どもの主体性を育むことにつながっている働きかけをされている先生は多いと思われる。

　例えば，授業の始めに，1分間スピーチを2人1組で行うとする。以前は，教師がスピーチのテーマを決めていたのだが，現在では，子ども自身が考え

たテーマで，スピーチをしている。まずは，子ども自らが，自由に考えるような機会をつくることが大切なことである。

　ただし，教師が意図を持って働きかけるからこそ，（意図した力が）子どもに身に付くのであり，教師が無意識的に行っているのであれば，必ずしも，子どもに身に付くとは限らないであろう。子ども自身が考えて，行動するように教師が働きかけている授業は，子どもからの評価が高いようである。子どもにとっては，やらされていることほど苦痛なことはない。

　「学校教育は子どもを育てる」場であることに間違いはない。しかし，正確には，「子どもが自分で育つように，（教師が）働きかける」という表現が正しいのであろう。学校教育の最終目的が子どもの社会的自立であるならば，授業を含めた子どもの活動が，教師に「やらされている」という感覚を与えてはならないと言える。

　また，自立した個人が積極的に活躍できる社会を実現するためには，教育の在り方も見直すべきであろう。子どもが自立するための教育とは，子ども自身が「自分の好きなことを自ら選択する」ための働きかけをすることであるとも言える。時代とともに，好きなことも得意なことも多様化していき，今，現在では，存在していない新しい仕事に就く可能性もありえる。2030年代には，仕事も働き方もますます多様化していく中で，子ども達には，無限の可能性が広がっており，さまざまな選択の道が残されている。道を進んでいくうちに，実はあまり好きではなかった，向いていなかったということもありえる。その場合は，改めて，自らの判断で他の道を選択し直す勇気を持てるように，また，周囲も本人の意思を尊重し，肯定的な働きかけをすることが最も大切なことである。

４．個に応じた特別支援教育の充実

　学校教育のみならず，教育で目指すべきゴールは子ども達一人ひとりの「社会的自立」である。この一人ひとりには，当然，障害のある子どもや，その他の特別な支援が必要な子ども達も含まれている。したがって，教師（大人）は，彼ら（障害のある子どもやその他の特別な支援が必要な子ども達）が社会で自立できるようにすることを目的として，働きかけをする必要がある。

ただ単に，障害のない子どもを基準にして，障害のない子どもに近づけるようにすることを目的として支援をするということは，間違っているであろう。障害のある子どもや特別な支援が必要な子どもが，人としての自由を制限されたり，人としての尊厳と権利が尊重されず，自立の道を制限されたりすることがあってはいけないことである。

　2016（平成28）年7月に「不登校児童生徒への支援に関する最終報告～一人一人の多様な課題に対応した切れ目のない組織的な支援の推進～」が，文部科学省初等中等教育局長の諮問機関である「不登校に関する調査研究協力者会議」より公表された。報告書では，今後の不登校施策の中で重点的に取り組むべき方策の一つとして，「困難を抱える児童生徒には，『児童生徒理解・教育支援シート』を作成するなど，個々の児童生徒に合った支援計画を策定し，組織的・計画的な支援を実施すること」が提言されている。

　2007（平成19）年4月に「特別支援教育」が学校教育法に位置づけられたことから，すべての特別支援学校に，児童生徒の「個別支援計画」の作成が義務づけられたが，この「児童生徒理解・教育支援シート」は，特別支援学校で義務づけられている「個別支援計画」を参考にしたものである。

　もちろん，「個別支援計画」は，障害のある子どもの生活や学習上の困難を改善し，適切な指導及び必要な支援を行うために必要なことである。しかし，本来，「個別支援計画」は，障害を持つ子どものみを対象にするものではなく，学校に在籍するすべての子どもに対して作成すべきものではないだろうか。

　「個別支援計画」は，一人ひとりの子どもが将来の社会的自立に向けて成長することを期待して，「個」に応じた支援をするための計画であり，簡易なものであっても，学校に在籍している子ども全員分が必要なのである。また，「個別支援計画」は「つくる」ことが目的ではなく，「使う」ことが目的であり，子ども達が「ここまで成長できた」ということを，教師や保護者はもちろんのこと，子ども自身が確認することが大切なことである。

　2017（平成29）年3月（高等学校は2018〈平成30〉年3月）に改訂された「学習指導要領」（第5章 特別活動）には，（子どもが）「見通しを立て，学んだことを振り返りながら，新たな学習や生活への意欲につなげたり，将来の在

205

り方生き方を考えたりする活動を行うこと」の大切さが明記されている。実際，小学校１年生から子ども全員分の「成長ノート」を作成し，保護者の願いや子どもの思いを踏まえて，個々の目標を設定するとともに，学年を越えての継続した取組を行い，成果を上げている学校もある。

　また，2030年代の社会に向けて，障害のある子どもだけではなく，国籍，年齢，性別，LGBTを含めた，すべての「壁」が取り払われることが大切である。そうでないと，空間や時間の制約を受けない多様な働き方が一般的にならないであろう。2030年代の社会に向けて，学校教育では，障害のある子どもや外国籍の子どもも含めて，すべての子どもを受け入れることをしていかねばならない。

第３節　「2030年」の生徒指導・進路指導（キャリア教育）

　第１章と重複するが，改めて，教育課程の全体構造を確認してみたい。

　図７-４の網かけ部分である教育課程（「学習指導要領」）は，大きくは，各教科と教科外に分かれているが，生徒指導と進路指導は教育課程の中にも位置づけられていない。

　学校における教育活動はきわめて多様であり，必ずしも，すべての教育活動が教育課程に位置づけて行われているとは限らない。教育的に重要な活動であっても，教育課程外として実施しているものもある。

　また，教育課程の教科等として行われる教育活動（各教科，特別な教科道徳，総合的な学習の時間及び特別活動など）について，その内容に関する指導がうまく機能していくためには，当然，生徒指導や進路指導の観点が必要である。

　つまり，生徒指導と進路指導は，教育課程のすべての領域において機能することが求められている。そして，それは教育課程内の指導にとどまらず，休み時間や放課後に行われる個別的な指導や，学業の不振な児童生徒のための補充指導，随時の教育相談など，教育課程外の教育活動においても機能するものでなくてはならない。

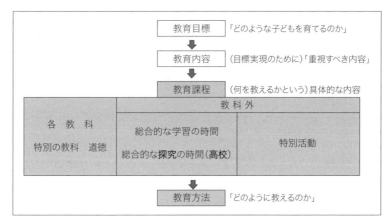

図7-4　教育課程の全体構造

（藤平敦，作成）

　このように，生徒指導と進路指導（キャリア教育）が，学校の教育目標を
達成するための重要な機能の一つであることを踏まえて，2030年の生徒指
導と進路指導（キャリア教育）の在り方について考えてみることにする。

1．社会とのつながりを重視する

　学校は，子ども，教職員，保護者，地域の方々などで構成される社会であ
る。子ども達は，学校や社会の中で，国籍や障害の有無にかかわらず，さま
ざまな人とかかわりながら学んでいく。そして，その学びの中で，自分の良
い行動が他者から認められることを通して，自己有用感を得ることができる。
そして，この自己有用感が高まることで，さらに，学級や学校全体にも好影
響を与えていこうという考えにつながり，これを積み重ねることにより，地
域社会を担っていこうとする意欲を持つようになることが期待できる。

　このようにして，学校は社会に目を向ける意識を持つ子どもを育んでいる
のである。また，子ども達が地域社会の中で学び，社会をよりよく変えてい
くことができるという実感を持つことは，子ども達が抱える困難な状況も自
ら乗り越え，学校を含む社会全体に希望を与えることにつながるのであろう。

　以上を踏まえると，子ども達が，社会に参画し，よりよい社会を創ろうと
いう意欲や態度は，子ども達が，学校や地域社会の中で，他者とかかわるこ

とで育まれていくことから，やはり，学校は地域社会に開かれた存在であることが大切である。

　ところで，「自己有用感」の他にも，「自尊感情」や「自己肯定感」などと，似たような言葉がある。ここでは，「自尊感情」と「自己有用感」の違いについて，確認をしておきたい。

　「自尊感情」とは，自分に対する肯定的な評価を抱いている状態を指す心理学用語"Self-Esteem"の日本語訳である。「自分に自信が持てず，人間関係に不安を感じていたりする状況が見られたりする」という指摘を受け，その対策として，"子どもの「自尊感情」を高めることが必要"と主張される場合が少なくない。

　しかし，「自尊感情」を高めようと，教師が子どもを褒める機会を増やしても，必ずしも好ましい結果をもたらすと限らない。なぜなら，教師が子どもを褒めることで，（子どもの）自信を付けさせることができたとしても，実力以上に過大評価をしてしまったり，周囲の子どもからの評価を得られずに，自信が持てない状況に戻ってしまったりと，自他の評価のギャップに悩んでしまうことも起こりうるからである。

　一方，「自己有用感」とは，「人の役に立った」「人から感謝された」「人から認められた」などと，他者からの肯定的な評価で得られる，自分に対する肯定的な評価のことである。

　最終的には，どちらも自分自身に対する自己評価であり，「自己有用感」の獲得が「自尊感情」の獲得につながることになるのであろう。しかし，「自尊感情」が高いことは，必ずしも「自己有用感」の高さを意味することにはならない。学校教育の最終ゴールは子ども達の社会的自立である。社会に出たら，当然，人とかかわる。そうすると，他者の存在を前提としない自己評価は，社会性に結び付くとは限らないことになる。したがって，自己有用感に裏づけられた自尊感情が大切だということになる。

　子どもが「他の子どもとかかわりたい」と思う気持ちは，自らの体験によってのみ獲得されるものである。他の子どもと一緒に遊んだりすることを通して，「人とかかわることは楽しい」「人とかかわることは苦痛ではない」と感じるところから「人とかかわること」が始まるのである。そこから，「社会

性の基礎」が形づくられていくのである。

そして，年齢を重ねていくにつれて，そうしたかかわりを通して，「進んで協力できた」「誰かの役に立つことができた」などと，集団の一員としての自信や誇りを獲得していくことで，社会性が身に付いていくものと考えられる。

ある中学校の先生は，授業中に一人の生徒が発言した内容に対して，「正解！」「その考え方は○○だね」などと，生徒への評価を含んだ応答はせずに，必ず，「今の△△君の発言内容についてどう思うか？」などと，他の生徒の声を引き出すような働きかけをしている。このような働きかけにより，「○○君は普段，大人しいけど，自分の考えをもっているね」「△△さんは，自分の気持ちを正直に伝えるので好感が持てる」などと，毎年，クラス内にお互いを認め合う雰囲気をつくっている。

子どもは，教師に褒められる以上に，子ども同士から認められるほうがうれしかったり，励みになったりすることがあり，それが，子どもの「自己有用感」を育むことにつながるのである。一人の生徒が発言した内容に対して，その度に，先生が応答していると，集団での授業であっても，「先生対一人の生徒」という図式になってしまいかねない。また，子ども自身がさほど努力もしていないのに，その子どもに対して，表面的にお世辞を言っても，その子どもはさほどうれしくもなく，「自己有用感」はおろか，「自尊感情」すら高められないかもしれない。

「（先生が子どもを）褒めて，（子どもに）自信を持たせて，（先生が）育てる」という発想ではなく，「（周囲の友達に）認められて，（子どもが）自信を持って，（自ら）育つ」という発想のほうが，子どもの自信が持続しやすく，（子どもの）社会性が身に付きやすいのではないだろうか。

2．子どもに，正解のない「問いかけ」をする

第1節の3．と重複するが，2030年代の働き方は，働く場所に関する物理的な制約がなくなり，好きな時に，好きな場所で，複数の企業に在籍して，仕事ができるようになっていくことが予測される。そして，単にお金を得るためではなく，社会貢献をしていくことで，自己有用感や自己充実感などが

得られることを喜びとして，働く人々が増えていくことであろう。互いに認め合い，支え合い，各自が自分の得意なことを発揮し，生き生きとした活動をする。誰でも活躍の場や機会がある社会を創る，各自が多様なスタイルで，主体的に「働く」ことができることは，「働く」ことの意義が大きく変わることにつながる。

　これまでの学びは，どちらかというと，「知識」「型」「情報」を重視し，「基本形」や「原理・原則」を大切にする，いわば，正解のあるものである。しかし，超高齢化社会である2030年代に突入し，多様な価値観のもと，働き方にも変化が見られ，より専門知識が求められる社会では，正解はなく，自らが回答を示すことが求められる。そうであるならば，学校では子ども達に，正解のない「問いかけ」をすることが求められていくであろう。具体的には，次のような「問いかけ」になっていくべきであろう。

① 「あなたは何がやりたいか？」
② 「あなたにできることは何か？」
③ 「あなたは何をやることに価値を感じるか？」
　　　↓
① 「自分は何がやりたいか？」
② 「自分にできることは何か？」
③ 「自分は何をやることに価値を感じるか？」

　そして，最終的には主語を「あなたは」から「自分は」に変えていくことが，2030年の社会を生き抜くために必要なことではないであろうか。このような，正解のない「問いかけ」をするとともに，最終的に自問自答することこそが，2030年代の生徒指導・進路指導（キャリア教育）であり，小学校段階，いや，就学前教育の段階から，発達段階に応じて，段階的に「問いかけ」を継続していくことが求められる。このことは，改訂された「学習指導要領」が強調している「主体的・対話的で深い学び」の考え方と合致しているのである。

　なお，改訂された「学習指導要領」（小・中・高）には，第1章の総則の前に，

初めて前文が記された。以下の文章がその前文である。文中には，子どもの
キャリア形成の視点（下線部は筆者）がいくつも示されている。

　教育は，教育基本法第1条に定めるとおり，人格の完成を目指し，平和
で民主的な国家及び社会の形成者として必要な資質を備えた心身ともに健
康な国民の育成を期すという目的のもと，同法第2条に掲げる次の目標を
達成するよう行われなければならない。

1　幅広い知識と教養を身に付け，真理を求める態度を養い，豊かな情操
と道徳心を培うとともに，健やかな身体を養うこと。

2　個人の価値を尊重して，その能力を伸ばし，創造性を培い，自主及び
自律の精神を養うとともに，職業及び生活との関連を重視し，勤労を重ん
ずる態度を養うこと。

3　正義と責任，男女の平等，自他の敬愛と協力を重んずるとともに，公
共の精神に基づき，主体的に社会の形成に参画し，その発展に寄与する態
度を養うこと。

4　生命を尊び，自然を大切にし，環境の保全に寄与する態度を養うこと。

5　伝統と文化を尊重し，それらをはぐくんできた我が国と郷土を愛する
とともに，他国を尊重し，国際社会の平和と発展に寄与する態度を養うこと。
　これからの学校には，こうした教育の目的及び目標の達成を目指しつつ，
一人一人の生徒が，自分のよさや可能性を認識するとともに，あらゆる他
者を価値のある存在として尊重し，多様な人々と協働しながら様々な社会
的変化を乗り越え，豊かな人生を切り拓き，持続可能な社会の創り手とな
ることができるようにすることが求められる。このために必要な教育の在
り方を具体化するのが，各学校において教育の内容等を組織的かつ計画的
に組み立てた教育課程である。

教育課程を通して，これからの時代に求められる教育を実現していくためには，よりよい学校教育を通してよりよい社会を創るという理念を学校と社会とが共有し，それぞれの学校において，必要な教育内容をどのように学び，どのような資質・能力を身に付けられるようにするのかを教育課程において明確にしながら，社会との連携及び協働によりその実現を図っていくという，社会に開かれた教育課程の実現が重要となる。

　学習指導要領とは，こうした理念の実現に向けて必要となる教育課程の基準を大綱的に定めるものである。学習指導要領が果たす役割の一つは，公の性質を有する学校における教育水準を全国的に確保することである。また，各学校がその特色を生かして創意工夫を重ね，長年にわたり積み重ねられてきた教育実践や学術研究の蓄積を生かしながら，生徒や地域の現状や課題を捉え，家庭や地域社会と協力して，学習指導要領を踏まえた教育活動の更なる充実を図っていくことも重要である。

　生徒が学ぶことの意義を実感できる環境を整え，一人一人の資質・能力を伸ばせるようにしていくことは，教職員をはじめとする学校関係者はもとより，家庭や地域の人々も含め，様々な立場から生徒や学校に関わる全ての大人に期待される役割である。幼児期の教育及び小学校教育の基礎の上に，高等学校以降の教育や生涯にわたる学習とのつながりを見通しながら，生徒の学習の在り方を展望していくために広く活用されるものとなることを期待して，ここに中学校学習指導要領を定める。

（文部科学省，2017e：1-2）

　子どものキャリア形成については，これまでも，「職業及び生活との関連を重視し，勤労を重んずる態度を養う」という勤労観・職業観の視点が重視されてきた。それに加えて，近年の社会的ニーズから生じた「主体的に社会の形成に参画する」，「社会的変化を乗り越える」，「持続可能な社会の創り手となる」，「よりよい社会を創る」，「社会との連携及び協働」などの視点を読みとることができる。さらに，最終段落での7行は，社会で生きる子どもの

キャリア形成そのものを示したものである。

　子ども達一人ひとりが社会の形成者になっていくためには，子どもの頃からチャレンジをするとともに，「0（ゼロ）から何かを創り出す」ことの楽しさを教えてあげることが大切である。ただ単に，物事を「覚える」のではなく，また，誰かの指示に従って，行動をするだけではなく，自分自身で「考える」こと，そして「他者と力を合わせる」「他者に喜んでもらう」ことなどを意識することが，2030年代の社会では重要になるのではないだろうか。

　超高齢化社会により労働人口が減少し，それに伴い，AIやロボットなどの技術革新によって，劇的な変化が予想される2030年代。人々が働きがいや生きがいを感じながら「個」を大切にして，誰もが主役になって輝ける社会をつくることが，目指すべき2030年代の姿ではないだろうか。

3.「見通しを立て，振り返る」活動を重視する

　2030年代の社会を担う子ども達を育むために，学校では，子ども達に，正解のない「問いかけ」をするなどと，子どもの主体性を尊重することが大切である。換言すると，「子どもファースト」を意識した働きかけが不可欠である。

　改訂された「学習指導要領」では，「主体的・対話的で深い学び」の実現に向けた授業改善や新たな学習や生活への意欲に結び付けることを目的として，「見通しを立て，振り返る」活動を推進することを示している。

　第1章 総則　第3 教育課程の実施と学習評価　1 主体的・対話的で深い学びの実現に向けた授業改善

（4）児童（生徒）が学習の見通しを立てたり学習したことを振り返ったりする活動を，計画的に取り入れるように工夫すること。

　（小学校）第6章（中学校）第5章 特別活動　第2 各活動・学校行事の目標及び内容　3 内容の取扱い

2の（3）の指導に当たっては，学校，家庭及び地域における<u>学習と生活の見通しを立て，学んだことを振り返りながら</u>，新たな学習や生活への意欲につなげたり，将来の生き方を考えたりする活動を行うこと。その際，児童（生徒）が活動を記録し蓄積する教材等を活用すること。

　このように「見通しを立て，振り返る」ことを重要視することは，子どもの「主体性」を育むことを目指しているためであり，それは子どものキャリア形成に結び付くことである。逆に言えば，子どもが主体的に活動するためには，「見通しを立て，振り返る」活動が不可欠だということである。

　また，「見通しを立て，振り返る」ことは，学習評価の視点でもある。

第1章 総則　第3 教育課程の実施と学習評価　2 学習評価の充実

（1）児童（生徒）のよい点や進歩の状況などを積極的に評価し，学習したことの意義や価値を実感できるようにすること。また，各教科等の目標の実現に向けた学習状況を把握する観点から，単元や題材など内容や時間のまとまりを見通しながら評価の場面や方法を工夫して，学習の過程や成果を評価し，指導の改善や学習意欲の向上を図り，<u>資質・能力の育成に生かす</u>ようにすること。

　資質・能力の育成に生かすような学習評価を行っていくためには，レポートの作成，発表，グループでの話し合い，作品の制作など，さまざまな活動における評価を踏まえて，多角的な評価を行っていくことが必要である。また，一人ひとりの力量等に応じて，子どもの資質・能力がどのように伸びているかを，子ども自身が把握できるようする工夫が必要である。具体的には，日々の記録やポートフォリオなどを通して，過去と比較をすることができる。このように，子どもが自己評価をすることは，子どものキャリア形成には欠かせないことである。

　自分が学んだことが，社会とのつながりや既習事項（これまで学んできたこと）と，どのようにつながっているのか，また，学習をして，自分に変化があったことなどについて，子ども自身が把握することは，より主体的な学

習意欲に結び付くことである。

学 習 課 題

（1）なぜ，「2030年」を取り上げるのか。その意味を説明しなさい。

（2）なぜ，これからの教育過程には，「社会に開かれた教育課程」としての役割が期待されているのか，説明しなさい。

（3）なぜ，子どもには正解のない「問いかけ」をすることが求められているのか説明しなさい。

（4）子ども達自らが，社会とのつながりを意識するようになるために，どのような働きかけがあるのか。具体例を挙げて，説明しなさい。

〈参考文献〉
・河合雅司『未来の年表』講談社新書，2017年
・文部科学省「新しい学習指導要領の考え方——中央教育審議会における議論から改訂そして実施へ」2017年a
・文部科学省「高等学校学習指導要領」2018年告示a
・文部科学省「高等学校学習指導要領解説　総則編」2018年b
・文部科学省「高等学校学習指導要領解説　特別活動編」2018年c
・文部科学省「小学校学習指導要領」2017年告示b
・文部科学省「小学校学習指導要領解説　総則編」2017年c
・文部科学省「小学校学習指導要領解説　特別活動編」2017年d
・文部科学省「生徒指導提要」2010年
・文部科学省「中学校学習指導要領」2017年告示e
・文部科学省「中学校学習指導要領解説　総則編」2017年f
・文部科学省「中学校学習指導要領解説　特別活動編」2017年g

〈より深く学習するための参考文献や資料〉
・長田徹・清川卓二・翁長有希『学校と企業と地域をつなぐ新時代のキャリア教育』東京書籍，2017年
・田村学『深い学び』東洋館出版社，2018年
・西川純『2030年教師の仕事はこう変わる！』学陽書房，2018年
・日本学校教育学会編『これからの学校教育を担う教師を目指す——思考力・実践力アップのための基本的な考え方とキーワード』学事出版，2016年
・藤平敦他「世界の生徒指導体制」藤原文雄編著『世界の学校と教職員の働き方——米・英・

仏・独・中・韓との比較から考える日本の教職員の働き方改革』学事出版，2018年

・藤平敦・二宮龍編著『毎日の子ども理解＆指導の心得』学事出版，2018年

・国立教育政策研究所生徒指導・進路指導研究センター「キャリア・パスポート特別編1　キャリア・パスポートって何だろう」2018年

・国立教育政策研究所生徒指導・進路指導研究センター「キャリア・パスポート特別編2　キャリア・パスポートで小・中・高をつなぐ――北海道『小中高一貫ふるさとキャリア教育推進事業』より」2018年

・国立教育政策研究所生徒指導・進路指導研究センター「キャリア・パスポート特別編3　キャリア・パスポートで日々の授業をつなぐ――秋田わか杉『キャリアノート』『あきたでドリーム（AKITA de DREAM）』と大館ふるさとキャリア教育より」2018年

・国立教育政策研究所生徒指導・進路指導研究センター「生徒指導リーフNo.18　『自尊感情』？　それとも『自己有用感』？」2015年

・文部科学省中央教育審議会初等中等教育分科会（100回）配付資料　教育課程企画特別部会論点整理「2030年の社会と子供たちの未来」2017年
http://www.mext.go.jp/b_menu/shingi/chukyo/chukyo3/siryo/attach/1364310.htm
（2018年12月15日）

「生徒指導提要」(改訂版)のポイント

第Ⅰ部　生徒指導の基本的な進め方

第1章　生徒指導の基礎

「1.1　生徒指導の意義」について

1．生徒指導の定義と目的

　これまでも，生徒指導は全ての児童生徒を対象にして，彼ら一人一人の健全な発達を促す教育活動であることが示されてきた。このことは，生徒指導の定義で確認できる。

【生徒指導の定義】

　生徒指導とは，児童生徒が，社会の中で自分らしく生きることができる存在へと，自発的・主体的に成長や発達する過程を支える教育活動のことである。なお，生徒指導上の課題に対応するために，必要に応じて指導や援助を行う。

　そして，この定義を踏まえて，生徒指導の目的を示している。

【生徒指導の目的】

　生徒指導は，児童生徒一人一人の個性の発見とよさや可能性の伸長と社会的資質・能力の発達を支えると同時に，自己の幸福追求と社会に受け入れられる自己実現を支えることを目的とする。

　また，生徒指導の目的を達成するためには，児童生徒一人一人が深い自己

理解に基づき，「何をしたいのか」，「何をするべきか」，主体的に問題や課題を発見し，自己の目標を選択・設定して，この目標の達成のため，自発的，自律的，かつ，他者の主体性を尊重しながら，自らの行動を決断し，実行する力，すなわち，「自己指導能力」を獲得することが必要である。

２．生徒指導の実践上の四つの視点

　児童生徒の自己指導能力の獲得を支えるためには，次の四つの視点が求められる。

（1）自己存在感の感受

　学校生活のあらゆる場面で，「自分も一人の人間として大切にされている」という自己存在感を，児童生徒が実感することが大切である。また，ありのままの自分を肯定的に捉える自己肯定感や，他者のために役立った，認められたという自己有用感を育むことが重要である。

（2）共感的な人間関係の育成

　教職員と児童生徒，児童生徒同士の選択できない出会いから始まる生活集団を，どのようにして認め合い・励まし合い・支え合えるかが大切である。失敗を恐れない，間違いやできないことを笑わない，むしろ，なぜそう思ったのか，どうすればできるようになるのかを皆で考える支持的で創造的な学級・ホームルームづくりが生徒指導の土台となる。そのためには，自他の個性を尊重し，相手の立場に立って考え，行動できる相互扶助的で共感的な人間関係をいかに早期に創りあげるかが重要である。

（3）自己決定の場の提供

　授業場面で自らの意見を述べる，観察・実験・調べ学習等を通じて自己の仮説を検証してレポートする等，自ら考え，選択し，決定する，あるいは発表する，制作する等の体験が重要である。そのためにも，学習指導要領が示す「主体的・対話的で深い学び」の実現に向けた授業改善を進めていくことが求められる。

（4）安全・安心な風土の醸成

　児童生徒一人一人が，個性的な存在として尊重され，学級・ホームルームで安全かつ安心して教育を受けられるように配慮する必要がある。お互いの個性や多様性を認め合い，安心して授業や学校生活が送れるような風土を，教職員の支援の下で，児童生徒自らがつくり上げるようにすることが大切である。

3．生徒指導の連関性

（1）生徒指導とキャリア教育

　児童生徒の社会的自己実現を支える教育活動としてキャリア教育がある。生徒指導を進める上で，両者の相互作用を理解して，一体となった取組を行うことが大切である。

　キャリア教育を学校教育全体で進めるという前提の下，これまでの教科の学びや体験活動等を振り返るなど，教育活動全体の取組を自己の将来や社会につなげていくことが求められる。

（2）生徒指導と教育相談

　教育相談は，生徒指導から独立した教育活動ではなく，生徒指導の一環として位置付けられるものであり，その中心的役割を担うものである。教育相談の特質と生徒指導の関係は以下のとおりである。

①個別性・多様性・複雑性に対応する教育相談

　教育相談には，個別相談やグループ相談などがあるが，児童生徒の個別性を重視しているため，主に個に焦点を当てて，個の内面の変容を図ることを目指している。それに対して，生徒指導は主に集団に焦点を当て，学校行事や体験活動などにおいて，集団としての成果や発展を目指し，集団に支えられた個の変容を図ろうとしている。

②生徒指導と教育相談が一体となったチーム支援

　不登校，いじめや暴力行為等の問題行動，子どもの貧困，児童虐待等につ

いては，生徒指導と教育相談が一体となって，「事案が発生してからのみではなく，未然防止，早期発見，早期支援・対応，さらには，事案が発生した時点から事案の改善・回復，再発防止まで一貫した支援」に重点をおいたチーム支援体制をつくることが求められている。

「1.2　生徒指導の構造」について

1．2軸3類4層構造

　改訂された「生徒指導提要」では，生徒指導の構造をこれまでの3層構造（未然防止・初期対応・事後対応）から，図1のように，新たに2軸3類4層構造に発展させている。

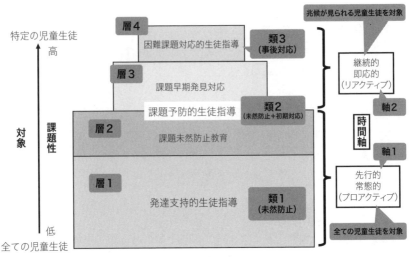

図1　「2軸3類4層構造」

＊注　文部科学省「生徒指導提要」（2022年（令和4）年12月）p.19を基に藤平敦が作成

2．生徒指導の2軸

　軸は，図1の右端のように，課題の有無により二つに分けることができる。

　軸1は，課題が見られない状況の中で全ての児童生徒を対象に行う生徒指導のことで，層1の発達支持的生徒指導と層2の課題未然防止教育が当ては

まる。層1と層2の違いは，課題を起こりにくくするということを視野に入れているかどうかである。具体的には，成長を促す充実した教育活動を行うことで，結果的に問題が起こりにくくなること（発達支持的生徒指導）と，〈○○の問題〉が起こる前に予防的な働きかけをすること（課題未然防止教育）である。

　軸2は，課題の兆候が見られたり，深刻な課題を抱える児童生徒を対象に行ったりする事後対応型の生徒指導のことであり，層3の課題早期発見対応と層4の困難課題対応的生徒指導が当てはまる。層3と層4の違いは課題の程度である。具体的には，初期状態での指導・援助を行うこと（課題早期発見対応）と，深刻な課題を抱える児童生徒への継続的な指導・援助を行うこと（困難課題対応的生徒指導）である。

　なお，類については，生徒指導の課題性（「高い」・「低い」）と課題への対応の種類から，以下の3類に分けられる。

①発達支持的生徒指導
　　全ての児童生徒の発達を支える。
②課題予防的生徒指導
　　全ての児童生徒を対象とした課題の未然防止教育と，課題の前兆行動が
　　見られる一部の児童生徒を対象とした課題の早期発見と対応を含む。
③困難課題対応的生徒指導
　　深刻な課題を抱えている特定の児童生徒への指導・援助を行う。

各層のポイントは以下のとおりである。

①発達支持的生徒指導
・全ての児童生徒を対象にする。
・主語は児童生徒であり，学校や教職員は彼らを支える働きかけを行う。
・日常的な教育活動を通して，児童生徒の非認知能力を育む。
・学習指導と関連付けて行うことが重要である。

②課題予防的生徒指導

・全ての児童生徒を対象にする。

・諸課題の未然防止をするという明確な意図を持って行う。

・専門家等の協力も得ながら，年間指導計画に位置付け，実践することが重要である。

③課題早期発見対応

・気になる一部の児童生徒を対象とする。

・深刻な問題に発展しないように，初期の段階で諸課題を発見し，対応する。

・チームで早期に対応することが望まれる。

④困難課題対応的生徒指導

・特別な指導・援助を必要とする特定の児童生徒を対象とする。

・教育委員会や関係機関等と連携・協働で行う。

・対象となる児童生徒の個人的要因や家庭的要因等の背景を十分に理解する。

・専門家や関係機関等も含めたチーム支援を行う。

　このように，発達支持的生徒指導や課題予防的生徒指導の在り方を改善していくことが，生徒指導上の諸課題の未然防止や再発防止につながり，課題早期発見対応や困難課題対応的生徒指導を広い視点から捉え直すことが，発達支持的生徒指導につながるという円環的な関係にあると言える。その意味からも，これからの生徒指導は，軸１での生徒指導の創意工夫が一層必要になる。

第2章　生徒指導と教育課程

「2.1　児童生徒の発達を支える教育課程」について

　学校の教育課程は「学校教育の目的や目標を達成するために，教育の内容

を生徒の心身の発達に応じ，授業時数と関連において総合的に組織した学校の教育計画であり，その編成主体は各学校である」とされ，教科等の年間計画も教育課程の編成の一環として作成されるのである。学習指導の目標を達成する上で，また生徒指導の目的を達成し，生徒指導上の諸課題を生まないためにも，教育課程における生徒指導の働きかけは不可欠である。

1．学習指導要領「総則」と生徒指導

現行の学習指導要領では，「よりよい学校教育を通してよりよい社会を創る」という目標を学校と社会で共有し，それぞれの役割を果たすことができるように「子供一人一人の発達をどのように支援するか」という児童生徒の発達を支える視点に立つことの重要性が示されている。

具体的には①学級・HR経営の充実，②生徒指導の充実，③キャリア教育の充実，④指導法や指導体制の工夫改善による個に応じた指導の充実である。これらは，ガイダンスとカウンセリングにより，常態的・先行的及び即応的・継続的な活動を通して，生徒指導の目的を達成することにもつながっている。

2．学習指導と生徒指導

「生きる力」の育成のためには，学習指導と生徒指導との関連を意識しながら，日々の教育活動を充実していくことが重要である。深い児童生徒理解に基づいた上で，学習指導における生徒指導上の視点は，①安全・安心な学校・学級の風土を創り出す，②児童生徒一人一人が自己存在感を感じられるようにする，③教職員と児童生徒の信頼関係や児童生徒相互の人間関係づくりを進める，④児童生徒の自己選択や自己決定を促す，の四点である。

また学習指導要領の趣旨の実現に向け，全ての子ども達が自らの可能性を発揮できるように「個別最適な学び」と「協働的な学び」を一体的に充実していくためには，発達支持的生徒指導の考え方を生かすことが不可欠である。

3．学級・ホームルーム経営と生徒指導

学級・ホームルーム（以下，学級・HRと記す）は，学校における生活集団かつ学習集団であり，生徒指導の実践集団である。教育課程における活動

223

は，学級・HRの土台の上で実践され，また学校生活の基盤である学級・HR内の人間関係や雰囲気は児童生徒に大きな影響を与える。

そのため教員には，①集団としての質の高まりを目指す，②教員と児童生徒，児童生徒相互のよりよい人間関係の構築，③担任は，学級・HR経営の目標・方針に即して，必要な諸条件の整備を行う，④学級・HR経営は，年度当初の出会いから始まる生活づくりを通して，学級・HR集団を，共に認め・励まし合い・支え合う集団にしていくことを目指す，⑤学級・HR経営で行う生徒指導は，発達支持的生徒指導と課題未然防止教育を実践することが求められている。

また，児童生徒が発達課題を通して自己実現するためには，安心・安全な居場所が必要であり，そのためには児童生徒自身による規範意識の醸成が大切である。さらに，いじめや暴力等の未然防止教育には，自己指導力の育成が必要であり，そして児童生徒の社会的自己実現を支える教育では，キャリア教育で目指す基礎的・汎用的能力の育成を学級・HR経営の中に位置付けて行う必要がある。

4．教育課程編成上の留意点

各学校の教育目標を明確にし，①「この教育目標の達成に向けて協働したい」と全教職員が思えるような目標を設定すること，②保護者や地域の協力が得られるように目標の共有に努めること，③教育目標に照らしながら各教科等の授業のねらいを改善したり，教育課程の実践状況を評価したりすることが可能になるような具体性のある教育目標を設定することが大切である。

「2.2　教科の指導と生徒指導」について

教科の特性を踏まえ，教科の指導にあたっては「個別最適な学び」と「協働的な学び」の一体的な充実を図る観点から，これまで以上に生徒指導を意識した授業を行うことが大切である。

1. 個に応じた指導の充実

　個に応じた指導を充実することで，児童生徒が学習内容を確実に身に付けることができるようになる。そのためには，①学習内容の習熟の程度の把握，②興味・関心，学習意欲や授業への参加状況の把握，③学習上のつまずきの原因の把握など，児童生徒一人一人の学習状況のきめ細やかな把握と継続的で確かな児童生徒理解が求められている。

2. 児童生徒理解を基盤とした教科の指導

　児童生徒理解を通じて得た情報を教科指導に活用するには，①授業観察からの主観的情報の収集，②課題・テスト・各種調査・生活日誌等からの客観的情報の収集，③出欠・遅刻・早退，保健室の利用などの客観的情報の収集，④ICTを活用した客観的情報の収集等の方法がある。これらの情報に基づいて，学年会・教科部会，生徒指導部会，教育相談部会，ケース会議等で，チームによる分析と共通理解を図って実践することが求められている。

3. 教科の指導と生徒指導の一体化

　授業は全ての児童生徒を対象としているため，発達支持的生徒指導の場である。教科の指導と生徒指導を一体化させた授業づくりは，生徒指導の実践上の視点である，「自己存在感の感受，共感的な人間関係を育成，自己決定の場の提供，安心・安全な風土の醸成」を意識した実践に他ならない。

「2.3 道徳科を要とした道徳教育における生徒指導」について

　2015年3月，小学校・中学校では学習指導要領等の一部改正により道徳の時間から「特別の教科　道徳」となり，2018年7月には高等学校に「公民科」が新設され，「公共」及び「倫理」並びに特別活動を中核的な指導の場として，道徳教育は学校の教育活動全体を通じて行われている。

1．道徳教育と生徒指導の相互関係

　道徳教育が道徳性の育成を直接的なねらいとしている点を除けば，道徳教育と生徒指導は，いずれも児童生徒の人格のよりよい発達を目指すものであり，学校の教育活動全体を通じて行うという共通点がある。道徳教育で培われた道徳性を，生きる力として日常の生活場面に具現化できるように支援することが生徒指導の大切な働きである。

2．道徳科の授業と生徒指導

　道徳科の授業と生徒指導は，以下のような相互補完的な関係であり，指導に際しては両者を一体的に働くものと留意する必要がある。
　(1) 道徳科の授業の充実に資する生徒指導では，①道徳科の授業に対する学習態度の育成，②道徳科の授業に資する資料の活用，③学級内の人間関係や環境の整備，望ましい道徳科授業の雰囲気の醸成をすることである。(2) 生徒指導の充実に資する道徳科の授業では，①生徒指導を進める望ましい雰囲気の醸成，②道徳科の授業を生徒指導につなぐ，③道徳科の授業展開の中で生徒指導の機会を提供することである。

3．道徳科と他の教育活動との関連の充実と生徒指導

　生徒指導上の課題の防止や解決のためには，道徳教育の要となる道徳科と各教科や他の教育活動との関連を相互に図り，学校の教育活動全体として効果的に取り組むことが重要である。

「2.4　総合的な学習（探究）の時間における生徒指導」について

　総合的な学習（探究）の時間は，他の教科等以上に，知識や技術を自ら求めていく人間像が想定されており，生徒指導の定義にある「社会の中で自分らしく生きることができる存在へと児童生徒が，自発的・主体的に成長や発達する過程を支える」ことと重なっている。
　また，総合的な学習（探究）の時間では「主体的・協働的に取り組むとと

もに，互いのよさを生かしながら，積極的に社会に参画しようとする態度を
養うこと」も生徒指導の定義に通じるものである。

１．総合的な学習（探究）の時間と生徒指導

　学習指導状況に応じた教員の適切な指導は，発達支持的生徒指導であり，
総合的な学習（探究）の時間を充実させることは，自己指導力の育成やキャ
リア教育にもつながる。

２．総合的な学習（探究）の時間で協働的に取り組むことと生徒指導

　総合的な学習（探究）の時間の学習過程では，主体的・協働的に取り組む
ことが重要視され，生徒指導の目的と重なるものである。また校外の大人と
の交流は，社会参画意識の醸成につながり，生徒指導の実践上の視点を踏ま
えることが求められている。

３．総合的な学習（探究）の時間において自己の（在り方）生き方を考える
　　ことと生徒指導

　総合的な学習（探究）の時間において，自己を生かし，自己を探究し，自
己を振り返り，自己を創る過程を支援することは，個性の発見とよさや可能
性の伸長を児童生徒自らが図りながら，様々な資質・能力を獲得することで
ある。そして，自らの資質・能力を適切に行使して自己実現を図りながら，
自己の幸福と社会の発展を児童生徒自らが追求する態度を身に付けることは
生徒指導の考え方と重なるものである。

「2.5　特別活動における生徒指導」について

　特別活動は生徒指導の目的を実現するために，教育課程において中心的
な役割を果たすものである。また特別活動の特質は生徒指導の充実や学級・
HR経営とも深く関わっている。

1．特別活動と生徒指導

特別活動の基本的な性格と生徒指導との関わりは，(1) 所属する集団を自分たちの力によって円滑に運営することを学ぶ，(2) 集団生活の中でより良い人間関係を築き，それぞれが個性や自己の能力を生かし，互いの人格を尊重し合って生きることの大切さを学ぶ，(3) 集団としての連帯意識を高め，集団や社会の形成者としての望ましい態度や行動の在り方を学ぶ，の三つである。

2．特別活動の各活動・学校行事の目標と生徒指導

特別活動の目標は学級・HR活動，児童会活動・生徒会活動，クラブ活動（小学校のみ），学校行事の四つの内容を総括する全体目標として示され，それぞれの目標は，生徒指導が目指す自己指導力や自己実現につながる力の獲得と重なる部分が多く密接である。また特別活動は，集団や社会の形成者としての見方や考え方を働かせて，よりよい生活や人間関係を築き，人間としての生き方について自覚を深め，自己を生かす能力を獲得する等，生徒指導が中心的に行われる場である。

3．学級・HR活動と生徒指導

学級・HR活動における自発的・自治的な活動は，学級・HR経営の充実に資するものである。また学校生活の基盤づくりや相互に尊重し合う人間関係やグループ学習等の協働的な学習の基盤づくりに貢献する役割を担っており，発達支持的生徒指導とも重なっている。

学級・HR活動の内容は，(1) 学級・HRや学校における生活づくりへの参画，(2) 日常の生活や学習への適応と自己の成長及び健康安全，(3) 一人一人のキャリア形成と自己実現の三つである。これらの内容を児童生徒の実態に応じて年間指導計画を設定し，いじめの未然防止等の生徒指導を意識した上で意図的・計画的に指導する必要がある。また，キャリア教育の要が学級・HR活動であることを留意し，キャリア・パスポートを効果的に活用しながら学校全体で取り組むことが大切である。

4．児童会・生徒会活動，クラブ活動と生徒指導

　児童会・生徒会活動，クラブ活動には，集団活動の基本的な性格や指導の在り方に共通点（①異年齢集団活動を通して，望ましい人間関係を学ぶ教育活動，②より大きな集団の一員として，役割を分担し合って協力し合う態度を学ぶ教育活動，③自発的，自治的な実践活動を通して，自主的な態度の在り方を学ぶ教育活動）があり，それらの活動の役割や意義と生徒指導との関係を意識することが大切である。

　また児童会・生徒会活動でのいじめの未然防止に係る活動に取り組む際には，「いじめ防止対策推進法」の趣旨を踏まえることが求められている。さらに児童会・生徒会活動では，主権者意識の向上につなげる等，生徒指導との関連を踏まえた運営上の工夫が大切である。

5．学校行事と生徒指導

　学校行事は，全校又は学年等を単位として，学校生活に秩序と変化を与え，学校生活の充実と発展に資する体験的な活動を行うことを内容とする教育活動である。その特質は，多くの点で生徒指導の実践上の視点を生かすことができる。

　学校行事での教員の指導は，児童生徒が主体的に参加できるように十分に配慮し，教科学習でのつまずきや問題行動が見られる等の特別な支援を要する児童生徒に対しても，自分の得意とする能力や個性等を発揮できるように配慮する必要がある。これにより適切な役割を担うことができることで，集団生活への意欲や自信を失っている児童生徒の自己存在感や自己有用感を高めることができ，さらには自己の生き方についての考えを深め，自分の能力への自信を回復することが可能になるのである。

第3章　チーム学校による生徒指導体制

「3.1　チーム学校における学校組織」について

1．チーム学校とは

　中央教育審議会（2015）「チームとしての学校の在り方と今後の改善方策

について（答申）」では，「チームとしての学校」が求められる背景として，次の三点を挙げている。

①新しい時代に求められる資質・能力を育む教育課程を実現するための体制整備
②児童生徒の抱える複雑化・多様化した問題や課題を解決するための体制整備
③子どもと向き合う時間の確保等（業務の適正化）のための体制整備

２．チーム学校として機能する学校組織

チーム学校とは「校長のリーダーシップの下，カリキュラム，日々の教育活動，学校の資源が一体的にマネジメントされ，教職員や学校内の多様な人材が，それぞれの専門性を生かして能力を発揮し，子供たちに必要な資質・能力を確実に身に付けさせることができる学校」と定義されている。このような「チーム学校」を実現するためには，四つの視点が必要である。

①教育の専門家としての教員が得意分野を生かしつつ，心理や福祉等の専門スタッフと連携を図り，協働の体制を充実させること。
②学校のマネジメント機能を強化するために，校長のリーダーシップ発揮できるようにすること。
③個々の教職員が力を発揮できるようにするための環境を整備すること。
④教職員間に「同僚性」を形成すること。

これら四つの視点により，組織的に進める生徒指導が可能になる。

「3.2　生徒指導体制」について

生徒指導体制とは，学校として生徒指導の方針・基準を定め，これを年間の生徒指導計画に組み込むとともに，事例研究などの校内研修を通じてこれを教職員間で共有し，一人一人の児童生徒に対して，一貫性のある生徒指導

を行うことのできる校内体制を意味する。そのためにも，全ての校務分掌が，その目的や役割に応じて，生徒指導に直接的，間接的に関わることになる。

1．生徒指導部と生徒指導主事の役割

生徒指導部の主な役割は，生徒指導の取組の企画・運営や全ての児童生徒への指導・援助，問題行動の早期発見・対応，関係者等への連絡・調整などが挙げられる。生徒指導を実効的な取組にしていくためには，生徒指導部がこれらの役割を果たしつつ，全校的な生徒指導体制を整備・構築していくことが求められる。

生徒指導主事に求められる主な役割は次のとおりである。

①学校における生徒指導を組織的・計画的に運営していく責任を持つ。なお，教科指導全般や特別活動において，生徒指導の視点を生かしたカリキュラム開発を進めていくことも重要な役割である。
②生徒指導を計画的・継続的に推進するため，校務の連絡・調整を図る。
③生徒指導に関する専門的事項の担当者になるとともに，生徒指導部の構成員や学級・ホームルーム担任，その他の関係する教職員に対して指導・助言を行う。
④必要に応じて児童生徒や保護者，関係機関等に働きかけ，問題解決に当たる。

2．学年・校務分掌を横断する生徒指導体制

生徒指導は，学校全体で取り組むことが必要です。そのための生徒指導体制づくりでは，各学年や各分掌，各種委員会等がそれぞれ組織として実効的に機能する体制をつくるとともに，学年や校務分掌を横断するチームを編成して取り組むことが重要です。その際，管理職のリーダーシップの下でつくられる，ミドルリーダーによる校内連携体制が不可欠である。

生徒指導体制づくりにおける基本的な考え方は，次の三点が示されている。

①生徒指導の方針・基準の明確化・具体化

②全ての教職員による共通理解・共通実践

③PDCAサイクルに基づく運営

３．生徒指導のための教職員の研修

　生徒指導体制を充実させるための研修は，校内研修と校外研修に大別される。

　校内研修には，全教職員が参加して組織的・計画的に行われる研修と，校務分掌に基づいて特定の教職員によって行われる研修がある。

　校外研修は，主として教育委員会等によって主催され，初任者研修や中堅教諭等資質向上研修に加えて，校務分掌組織においてリーダーシップを発揮することが求められる教職員を対象とした研修も行われる。

　さらに，教職員一人一人が自発的意思によって自らの資質や能力を向上させるよう努め，学び続けることが求められている。

４．生徒指導の年間指導計画

　生徒指導を全校体制で推進していくためには，年間指導計画の整備と改善が重要な鍵となる。生徒指導の年間指導計画が実効的に機能するためには，児童生徒を支え，指導・援助する「時期」と「内容」を明記し，教育課程との関わりを具体的に明らかにしていくことが求められる。また，年間指導計画の中に，生徒指導研修を組み入れたり，担当部署や担当者名を明記するなど，当事者意識を喚起するような工夫も求められる。

「3.3　教育相談体制」について

１．教育相談の基本的な考え方と活動の体制

　教育相談の目的は，児童生徒が将来において社会的な自己実現ができるような資質・能力・態度を形成するように働きかけることである。この点において生徒指導と教育相談は共通している。教育相談は，生徒指導の一環として位置付けられ，重要な役割を担うものであることを踏まえて，生徒指導と

教育相談を一体化させて，全教職員が一致して取組を進めることが必要である。そのため，教職員には，以下の三つの姿勢が求められている。

①指導や援助は児童生徒理解（アセスメント）に基づいて考えること。
②児童生徒への指導や援助については，柔軟な働きかけを目指すこと。
③どの段階でどのような指導・援助が必要かという時間的視点を持つこと。

その際，チームの要となる教育相談コーディネーターの役割が重要である。

2．教育相談のための教職員の研修

　教育相談研修の目的は，「学校の教育相談体制を十分に機能させること」である。したがって，研修を計画する段階で，誰が，何をできるようになるための研修なのかを明確にすることが重要である。教育相談コーディネーターには，「心理学的知識や理論，カウンセリング技法，心理面に関する教育プログラムについての知識・技法」，「医療・福祉・発達・司法についての基礎的知識」を持つことが求められる。また，学級・HR担任には，「発達障害や愛着などを含む心理的発達や社会的発達についての基本的な知識や学級・HR経営に生かせる理論や技法，カウンセリングの基礎技法」などについての基本的な理解を身に付けることが望まれている。

　また，教育相談コーディネーターや学級・HR担任などの教職員に対して，社会性の発達を支えるプログラム（ソーシャル・スキル・トレーニング等）などに関する研修や，自殺予防教育やいじめ防止プログラムなどの研修の必要性も挙げられている。

3．教育相談活動の年間計画

　教育相談活動は「本質的な問題点への気付き」が大切であることから，分析での気付きに基づいて改善案を作成することが求められる。そのため，児童生徒，保護者，教職員の観点から得た評価を照らし合わせながら，最終的な評価を行う。

　なお，教育相談は，教育相談コーディネーター，SC，SSWが個人的に実

践するものでない。既述したように，2軸3類4層構造の教育相談が組織的・計画的に実践できる体制づくりが重要である。

　さらに，教育相談活動はチームで行う活動であり，心理面に関する教育プログラムの開発，不登校児童生徒への面接やスケジュール調整，児童生徒との信頼関係の構築や学級づくり，発達障害における「個別の指導計画」と支援，虐待への対応等，それぞれの立場から協力して教育相談を推進することが重要である。

4．生徒指導と教育相談が一体となったチーム支援
(1)　生徒指導と教育相談
　時として，生徒指導の視点と教育相談の視点からは対立的な意見も示される。また，「集団に重点を置く規範的・指導的態度と個に重点を置く受容的・相談的態度とのバランスをとるのが難しい」という声も聞かれる。しかし，教育相談と生徒指導の考え方は重複することから，両者が相まってはじめて，包括的な児童生徒支援が可能になる。

(2)　生徒指導と教育相談が一体となったチーム支援の実際
　教育相談，キャリア教育，特別支援教育は児童生徒に対する指導・援助がお互いに独立した働きかけとして展開される場合も見受けられるが，児童生徒一人一人への最適な指導・援助が行えるように，包括的な支援体制をつくることが求められる。

「3.7　学校・家庭・関係機関等との連携・協議」について

1．連携・協働の場としての学校の意義と役割
　令和の学校には「社会に開かれた教育課程」の具現化や多様な児童生徒のニーズに応えること，学校の働き方改革を実現し教員の専門性を十全に生かすことが求められている。
　そのためには，「学校を多職種・多機関との連携・協働の場とすること」，

「地域にある社会資源を学校に迎え入れ，社会全体で児童生徒の学びと育ちを支えることを目指す学校改革」が求められている。しかし，学校を基盤とした家庭や地域，関係機関等との連携の在り方は全国一律ではない。そのため，各学校は，地域の実情に基づき，地域に存在する関係機関等の役割や権限，連携方法などについて明記し，教職員間で共通理解しておくことが大切である。

２．学校と家庭，地域との連携・協働

学校と家庭との連携については，教育基本法第10条において，「家庭教育」についての規定が示されている。このことから，学校は家庭とのパートナーシップを築くことが不可欠である。そのためにも，学校は，保護者と学校との間で共通理解を持つために，教育目標や校則，望まれる態度や行動，諸課題への対応方針等について，保護者に周知し，合意形成を図ることが求められる。

一方，ひとり親家庭の増加傾向やそれらの家庭の相対的貧困率の高さを鑑みるに，保護者も支援を必要としている場合が少なくない。そのような場合は，SSWと連携するなどして，学校と関係機関等で情報共有し，児童生徒と保護者の双方への支援を検討し，実施していくことになる。

学校と地域との連携・協働については，コミュニティ・スクール（学校運営協議会制度）と地域学校協働活動の一体的な取組による「学校を核とした地域づくり」が目指されている。

そのために，教育委員会には，「学校と地域とのパートナーシップの下で様々に展開される地域学校協働活動の機会を提供すること」が求められる。

第Ⅱ部　個別の課題に対する生徒指導

個別の課題に対する生徒指導は，「いじめ，暴力行為，少年非行，児童虐待，自殺，中途退学，不登校，インターネット・携帯電話に関わる問題，性に関

する課題，多様な背景を持つ児童生徒への生徒指導」について，第4章から第13章で取り上げている。各章は，「いじめ防止対策推進法」「教育機会確保法」「こども基本法」等の法律を踏まえ，子どもの基本的人権への配慮や社会的変化に対応した内容である。各章において，留意点や課題の概要，対応のポイントが記載され，全ての章を通じて関連法規や対応の基本方針，学校の組織体制と計画，未然防止・早期発見・早期対応，関係機関との連携等が示されている。以下は，各個別の課題への留意点について抜粋したものである。

第4章：いじめに関して教職員には，①各学校の「いじめ防止基本方針」の具体的展開に向けた見直しと共有，②学校内外の連携を基盤に実効的に機能する学校いじめ対策組織の構築，③事案発生後の困難課題対応的生徒指導から，全児童生徒を対象とする発達支持的生徒指導及び課題予防的生徒指導への転換，④いじめを生まない環境づくりといじめをしない態度や能力を身に付けるような働きかけを行うことが求められる。

第5章：暴力行為は，全体的に依然として多く発生している。そのため，全教職員の共通理解に基づき，未然防止や早期発見・早期対応の取組，家庭・地域社会等の協力を得た地域ぐるみの取組を推進するとともに，関係機関と連携し，生徒指導体制の一層の充実を図ることが求められる。

第6章：少年非行では，非行の定義と手続きを正確に理解し，適切な事実の把握と記録を前提に対応し，警察や少年補導センター，家庭裁判等，関係機関が持つ権限を理解した上で効果的な連携が求められる。

第7章：児童虐待を発見する上で，日々児童生徒と接する教職員の役割は極めて大きく，少しでも虐待と疑われるような点に気付いた際には，速やかに児童相談所や市町村の虐待対応担当課に通告し，福祉や医療，司法等の関係機関と適切に連携して対応することが求められる。

第8章：自殺予防では，安全・安心な学校環境を整え，全児童生徒を対象に「未来を生きぬく力」を身に付けるように働きかける「命の教育」等は，発達支持的生徒指導と言える。また「SOSの出し方に関する教育を含む自殺予防教育」は課題未然防止教育にもなる。

第9章：中途退学を余儀なくされる状態を未然に防ぐためには，生徒指導，

キャリア教育・進路指導が連携し，小・中学校の段階も含め，生活，学業，進路のそれぞれの側面から社会的・職業的自立に向けて必要な基盤となる資質・能力を身に付けるように働きかけることが大切である。

第10章：児童生徒によっては，不登校の時期が休養や自分を見つめ直す機会である一方，学業の遅れや進路選択上の不利益，社会的自立へのリスクがあることにも留意する必要がある。「魅力ある学校づくり」を進めることで不登校に関する発達支持的生徒指導が機能し，同時に課題予防的・困難課題対応的生徒指導では，不登校の原因・背景が多岐にわたることを踏まえ，アセスメントの実施，支援の目標・方針の策定，関係機関との体制を整え，個々の状況に応じた支援が重要である。

第11章：インターネット（特にSNS）には，匿名性，拡散性等の特徴があり，児童生徒へ指導や啓発を行う際には，この特質を十分に把握しながら進めることやチーム学校として対策を進めることが肝要である。

第12章：性に関する課題（特に性的マイノリティ）への対応では，関連する法律等の理解や人権に配慮した丁寧な関わり，児童生徒が多様性を認め，自分と他人を尊重することができ，安心して過ごせる環境や相談しやすい体制の整備，それらを支える組織づくりが求められる。

第13章：多様な背景を持つ児童生徒への生徒指導では，発達障害，精神疾患，健康問題，ヤングケアラーや貧困等の支援を要する家庭状況も取り上げられている。これらの課題は，表面的には見えにくい場合も多いため，アセスメントを通じて適確に気づき（発見し），専門家や関係機関とも連携しながら対応する必要がある。

詳細は，「生徒指導提要」（改訂版）のデジタルテキストで確認すること。

索　引

239

240

■**執筆分担**（五十音順，2023年12月現在）

[編著者]

工藤　亘（くどう・わたる）＝序章，5章1節，6章1節，コラム③〜⑨⑪〜⑯,付録資料（第Ⅰ部2章,第Ⅱ部）
玉川大学教育学部 教授

藤平　敦（ふじひら・あつし）＝1章，終章，コラム①②⑩，付録資料（第Ⅰ部1章，3章）
日本大学文理学部 教授

[執筆者]

浅見哲也（あさみ・てつや）＝2〜4章の各3節
十文字学園女子大学教育人文学部 教授

安藤正紀（あんどう・まさき）＝2〜6章の各5節
玉川大学学生支援センター 障害学生支援コーディネーター

酒井　徹（さかい・とおる）＝5章の2,6節
早稲田大学大学院教育学研究科 教授

澤田浩一（さわだ・こういち）＝6章3節
國學院大學文学部 教授

七條正典（しちじょう・まさのり）＝5章3節
香川大学 名誉教授

多田元樹（ただ・もとき）＝2〜4章の各6節
前 大乗淑徳学園淑徳小学校 校長

田中靖人（たなか・やすと）＝6章の2,6節
福岡大学商学部 特任教授

林　尚示（はやし・まさみ）＝2〜6章の各4節
東京学芸大学教育学部 教授

増田修治（ますだ・しゅうじ）＝2〜4章の各1,2節
白梅学園大学子ども学部 教授

玉川大学 教 職 専門シリーズ

たまがわだいがくきょうしょくせんもん

生徒・進路指導の理論と方法　第二版

せいと　しんろしどう　りろん　ほうほう

2019年3月1日　初版第1刷発行
2024年1月25日　第二版第1刷発行

編著者─────工藤　亘・藤平　敦
発行者─────小原芳明
発行所─────玉川大学出版部
　　　　　　〒194-8610　東京都町田市玉川学園6-1-1
　　　　　　TEL 042-739-8935　FAX 042-739-8940
　　　　　　http://www.tamagawa-up.jp/
　　　　　　振替：00180-7-26665
装　幀─────渡辺澪子
印刷・製本──日新印刷株式会社

乱丁・落丁本はお取り替えいたします。
© Wataru KUDO, Atsushi FUJIHIRA 2024　Printed in Japan
ISBN978-4-472-40632-4 C3037 / NDC375